CP

# Taoki

## et compagnie

Méthode de lecture syllabique

Photofiches

**Isabelle CARLIER**
*Professeure des écoles*

**Angélique LE VAN GONG**
*Professeure des écoles*

istra

**Édition :** Delphine DEVEAUX
**Création de la maquette de couverture :** Florence LE MAUX
**Illustration de la couverture :** Patrick CHENOT
**Création de la maquette intérieure :** Florence LE MAUX
**Mise en pages :** TYPO-VIRGULE
**Illustrations intérieures :** Patrick CHENOT
**Fabrication :** Marc CHALMIN



ISBN : 978-2-01-394780-0

# Présentation

Dans le cadre de la refonte de la méthode *Taoki et compagnie*, nous avons décidé de mettre l'accent sur la différenciation :

- l'accompagnement des élèves en difficulté ;
- la gestion des élèves plus à l'aise.

C'est dans cette idée que nous avons créé ce nouveau support de photofiches : gérer les différents niveaux de classe.

Pour chaque leçon de code, ce support propose une photofiche de soutien (A) et une photofiche d'approfondissement (B).

L'enseignant trouvera également dans ce support les textes des histoires de Taoki des périodes 4 et 5 du manuel AVEC les arcs syllabiques, pour permettre à tous les élèves, même les moins à l'aise, d'accéder au déchiffrage et à la lecture.

Des évaluations sont proposées pour valider les compétences des élèves à la fin de chaque période de l'année scolaire.

# Sommaire

Date : ____________________

Manuel page 8 (A)

# À la bibliothèque (1)

## J'entends

**1 Entoure** les dessins quand tu entends **a**.

## Je vois

**2 Colorie** les **a** et les **A** qui sont bien écrits.

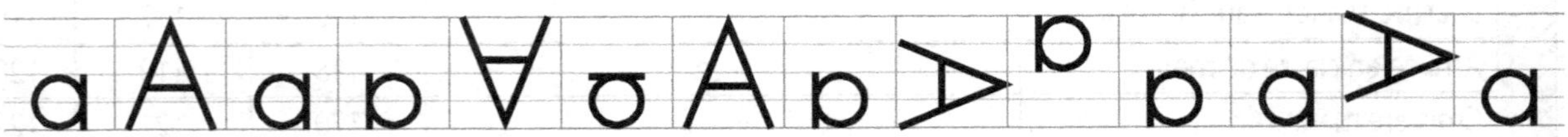

## J'écris

**3 Complète** les mots avec **a**.

un s_c    un ch_t    un t_pis    un b_m_

## Je comprends l'histoire de Taoki

**4 Relie** chaque personnage à son prénom.

Hugo •        • LILI

Lili •        • HUGO

Date : ______________________ Manuel page 8 (B)

# À la bibliothèque (1)

## J'entends

**1 Barre** l'intrus dans chaque ligne.

## Je vois

**2 Entoure** tous les **a** que tu vois dans ces mots.

la lave — Taoki — un drap — LA CLASSE — un ballon

Anaïs — un canapé — un plat — Paris

## J'écris

**3 Complète** les mots avec **a**.

un c_rt_ble — un c_n_pé — un _n_n_s

## Je comprends l'histoire de Taoki

**4 Écris** le nom des personnages.

iIyY

*iIyY*

Date : ______________________________ Manuel page 9 (A)

# À la bibliothèque (2)

## J'entends

**1 Colorie** les dessins quand tu entends **i**.

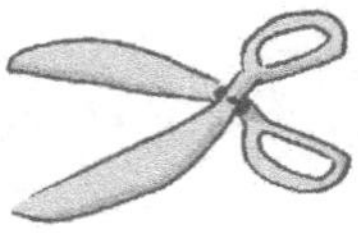

## Je vois

**2 Colorie** les **i** et les **y** qui sont bien écrits.

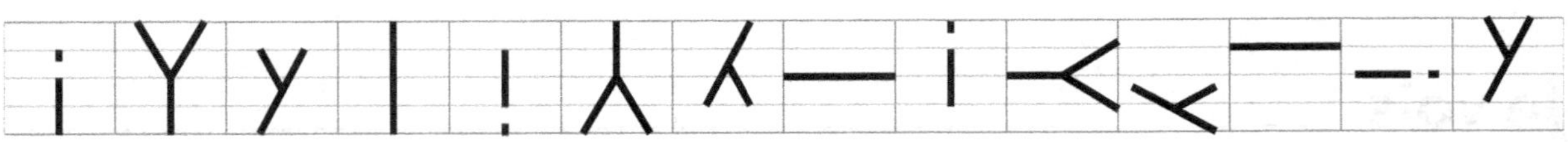

## J'écris

**3 Complète** les mots avec **i** ou **y**.

- avec **i** : *un rad…s* — *une sour…s* — *L…l*
- avec **y** : *un p…jama* — *un st…lo* — *une m…gale*

## Je comprends l'histoire de Taoki

**4 Relie** chaque personnage à son prénom.

Lili •  • HUGO

TAOKI •  • Lili

Hugo •  • Taoki

iIyY
iIyY

Date : ____________________ Manuel page 9 (B)

# À la bibliothèque (2)

## J'entends

**1 Barre** ✗ l'intrus dans chaque ligne.

   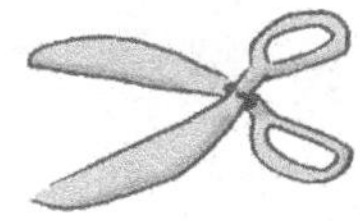

## Je vois

**2 Entoure** tous les **i** et les **y** que tu vois dans ces mots.

Yvan PARIS bille dimanche Iris

bibliothèque PYJAMA Isabelle paysage

## J'écris

**3 Complète** les mots avec **i** ou **y**.

- avec **i** : une p…sc…ne un m…n…bus la cu…s…ne
- avec **y** : un t…pe un p…jama un c…près

## Je comprends l'histoire de Taoki

**4 Entoure** le nombre de lettres dans chaque prénom.

- Taoki 5 6 7 8
- Hugo 3 4 5 6
- Lili 1 2 3 4

r R
r R

Date : ______________________________ Manuel pages 10-11 Ⓐ

# La cuisine

## J'entends

**1 Colorie** les dessins quand tu entends **r**.

## Je vois

**2 Entoure** tous les **r** que tu vois dans ces mots.

un rôti   REMI   un four   une marmite   une terrine

Rouen   la mer   chercher   le carnaval

## J'écris

**3 Complète** les mots avec la syllabe donnée.

avec **ra**

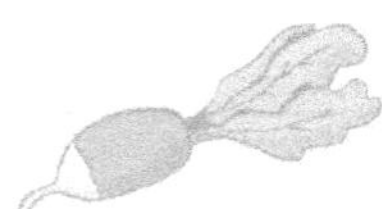

un • dis

avec **ri**

une sou• s

## Je comprends l'histoire de Taoki

**4 Relie** chaque personnage à sa place dans l'image.

Hugo •   • Lili

l'ara •   • Taoki

# La cuisine

## J'entends

**1 Relie** chaque dessin à la syllabe que tu entends.

ra      ri

## Je vois

**2 Entoure** la syllabe identique au modèle.

**ra** parasol – débarrasse – karaté – caméra

**ar** arbitre – tarte – arbre – armée – artiste

**ri** rime – terrine – souris – mérite – pyrite

## J'écris

**3 Remets** les mots **dans l'ordre** pour **écrire** une phrase.

a – rat. – un – y – Il

## Je comprends l'histoire de Taoki

**4 Entoure** les mots qui correspondent à l'histoire.

Il y a < Lili. / un lit.

Un < rat / ara > rit.

Date : ______________________________ Manuel pages 12-13 (A)

# La famille de Taoki

## J'entends

**1 Entoure** les animaux quand tu entends (1).

## Je vois

**2 Entoure** la syllabe identique au modèle.

| | |
|---|---|
| **la** | al – la – lo – la – al – li – la |
| **li** | li – il – ri – li – li – lo – li |

## J'écris

**3 Complète** les phrases avec les mots proposés.

elle – lilas – est

Il y a un ______________. Hugo ______________ là.

Lili est là, ______________ a un ara.

## Je comprends l'histoire de Taoki

**4 Relie** chaque phrase au personnage qui correspond.

Il y a Hugo. • •  • • Elle est là.

Taoki est là. • •  • • Hugo rit.

Lili est là. • •  • • Il lit.

Date :

Manuel pages 12-13 (B)

# La famille de Taoki

## J'entends

**1 Relie** les mots à la syllabe que tu entends.

   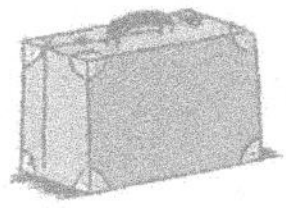 

la     li

## Je vois

**2 Entoure** la syllabe dans les mots.

**la**   un lama – un koala – un matelas – une laverie

**li**   une limace – un coquelicot – un délice – la malice

## J'écris

**3 Écris** une phrase qui correspond à l'image.

## Je comprends l'histoire de Taoki

**4 Colorie** les phrases qui font partie de l'histoire.

| | | |
|---|---|---|
| Il y a Hugo. | Taoki lit. | Lili est là. |
| Hugo rit. | Elle a un ara. | Il y a Taoki. |

Date : ____________________

Manuel pages 14-15 (A)

# Les cow-boys et les Indiens

## J'entends

**1 Entoure** les dessins quand tu entends **o**.

## Je vois

**2 Entoure** la syllabe identique au modèle.

| | |
|---|---|
| **ro** | lo – ro – or – ro – ol – ro |
| **or** | or – ol – or – or – lo – or |
| **lo** | lo – or – ol – lo – lo – lo |

## J'écris

**3 Remets** les mots **dans l'ordre** pour **écrire** une phrase.

*sans – est – or. – Hugo*

## Je comprends l'histoire de Taoki

**4 Entoure** les mots qui correspondent à l'histoire.

Il y a < un îlot. / de l'or.

Taoki a < de l'or. / un lot.

Hugo est sans < Lili. / or.

**5 Lis** et **dessine** la phrase.

Lili a de l'or.

# Les cow-boys et les Indiens

## J'entends

**1 Barre** l'intrus dans chaque ligne.

## Je vois

**2 Colorie** la syllabe identique dans les mots.

**ro** robinet – sirop – carotte – parodie

**lo** coloré – mulot – vélo – location

## J'écris

**3 Écris** la phrase qui correspond à l'image.

## Je comprends l'histoire de Taoki

**4 Colorie** les phrases qui correspondent à l'histoire.

| | | |
|---|---|---|
| Taoki est là. | Taoki est sans or. | Il y a Lili. |
| Hugo est là. | Il y a de l'or. | Taoki a de l'or. |
| Lili est sans or. | Hugo est sans or. | |

Date : ____________________ Manuel pages 16-17 (A)

# Dans le jardin

## J'entends

**1 Colorie** les dessins dans lesquels tu entends **é**.

## Je vois

**2 Entoure** la syllabe demandée.

**ré** rè – ré – ré – er – re – ré

**lé** lé – le – lé – lè – lé – lê

## J'écris

**3 Complète** les mots avec **ré** ou **lé**.

un té… phone

un car…

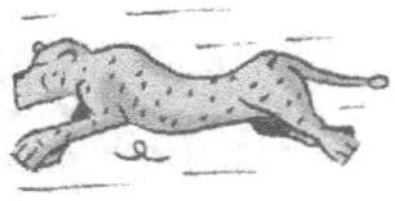
un … opard

## Je comprends l'histoire de Taoki

**4 Colorie** les phrases de l'histoire.

| | | |
|---|---|---|
| Taoki est là. | Taoki est sans or. | Il est dans une allée. |
| Hugo est là. | Il y a de l'or. | Taoki a de l'or. |

# Dans le jardin

## J'entends

**1 Barre** l'intrus dans chaque ligne.

## Je vois

**2 Entoure** la syllabe dans les mots.

| | |
|---|---|
| **ré** | rédaction – carré – réparé – amarré |
| **lé** | légume – allégé – potelé – carrelé |

## J'écris

**3 Relie** les groupes de mots pour faire des phrases.

| | | |
|---|---|---|
| Un rat • | • est • | • dans le lit. |
| Léo • | • lit • | • dans l'allée. |

**Écris** la phrase de ton choix.

## Je comprends l'histoire de Taoki

**4 Complète** le texte avec les mots de l'histoire.

allié – allée – Hugo – Taoki

Il y a ______________. Il est dans une ______________.

Il y a ______________ : c'est un ______________ !

Date : ______________________ 

# Révisions

## J'entends

**1 Colorie** le son voyelle que tu entends dans chaque mot.

**a** **o**

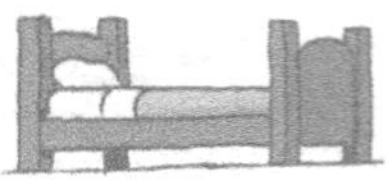
**é** **i**

**a** **o**

**é** **i**

**2 Colorie** la syllabe que tu entends dans chaque mot.

**la** **lo**

**la** **lé**

**ri** **ra**

**lo** **ro**

## Je vois

**3 Entoure** la syllabe identique au modèle quand tu la vois.

**ra** rateau – carotte – pirate

**ri** riposte – mérite – menhir

## J'écris

**4 Complète** les mots par la syllabe qui convient : **ré**, **lé**, **ra** ou **la**.

un ... veil

un ... zard

une sa ... de

une gi ... fe

## Je comprends l'histoire de Taoki

**5 Relie** chaque objet à la scène de l'histoire qui correspond.

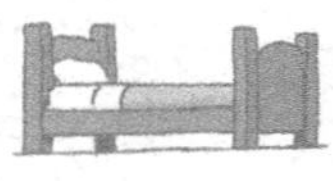

# Révisions

## J'entends

❶ **Relie** les mots dans lesquels tu entends la même syllabe.

 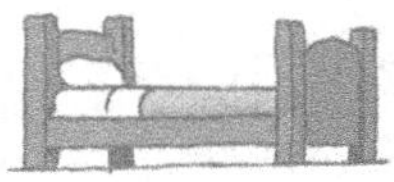  

## Je vois

❷ **Entoure** dans chaque bulle la syllabe que les mots ont en commun.

| le lilas<br>un lama<br>la salade | Rémi<br>un carré<br>le paréo | un polo<br>le loto<br>la loterie |
|---|---|---|

## J'écris

❸ **Remets** les mots **dans l'ordre** pour **écrire** une phrase.

l' – de – ara – Lili. – C'est

## Je comprends l'histoire de Taoki

❹ **Barre** les phrases qui ne sont pas dans l'histoire de Taoki.

| Taoki est là. | Taoki est dans le lit. | Lili a un ara. |
|---|---|---|
| Hugo est un allié. | | Lili a un lilas dans l'allée. |

# Dans la rue

## J'entends

**1 Relie** chaque dessin à son étiquette.

| | |
|---|---|
| s (on entend) | s (on n'entend pas) |

## Je vois

**2 Colorie** de la même couleur les mots identiques.

| | | | | | |
|---|---|---|---|---|---|
| lasso | série | sirop | SÉRIE | SIROP | LASSO |

## J'écris

**3 Complète** les mots avec une syllabe qui contient **s**.

une ___lade

le ___leil

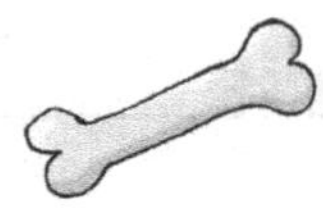

un ___

## J'observe la langue

**4 Colorie** uniquement les noms propres.

| | | | | | |
|---|---|---|---|---|---|
| Samuel | un silo | un sari | la France | ALI | une allée |

## Je comprends l'histoire de Taoki

**5 Colorie** les phrases de l'histoire.

| | | |
|---|---|---|
| Hugo est sur le sol. | Lili sort. | Taoki est sur le lit. |

# Dans la rue

## J'entends

**1 Coche** ☑ la case quand tu entends **s**.

## Je vois

**2 Entoure** dans chaque bulle la syllabe que les mots ont en commun.

| | | | |
|---|---|---|---|
| sirène | cassé | aspiré | lasso |
| sirop | série | asticot | solide |
| rassis | Persée | astérisque | consonne |

## J'écris

**3 Relie** les groupes de mots pour faire des phrases.

| | | |
|---|---|---|
| Hugo • | • a • | • le sol. |
| Le sirop • | • sort • | • un lys. |
| Lili • | • salit • | • sur le sol. |

## J'observe la langue

**4 Entoure** les noms propres dans chaque phrase.

Ali et Sara sont à Paris.

Lola est sur le lit de Léo.

## Je comprends l'histoire de Taoki

**5 Coche** ☑ la bonne case.

| | Vrai | Faux |
|---|---|---|
| Hugo sort. | | |
| Taoki est sur le sol. | | |
| Taoki est assis. | | |
| Lili est là. | | |

u U
u U

Date : ______________________ 

Manuel pages 22-23 (A)

# Dans la cour

## J'entends

**1 Entoure** le dessin quand tu entends **u**.

## Je vois

**2 Entoure** la syllabe dans les mots.

| | |
|---|---|
| **lu** | la lune – un calumet – une peluche |
| **ru** | une ruche – la rue – une parure |

## J'écris

**3 Complète** les mots avec la bonne syllabe.

la . che

la . ne

du . cre

## Je comprends l'histoire de Taoki

**4 Entoure** les mots qui correspondent à l'histoire.

Taoki a < sué. / rué.

Mais < il / elle > a réussi.

Hugo l'a < salué / élu > l'as des as.

Date : ___________________________ Manuel pages 22-23 (B)

# Dans la cour

## J'entends

**1 Barre** l'intrus dans chaque ligne.

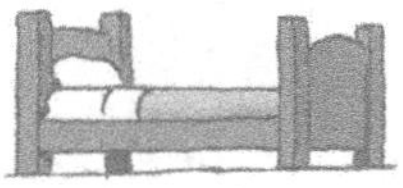   

## Je vois

**2 Colorie** tous les mots où tu vois **u** pour que Taoki rejoigne Hugo.

| | | | | |
|---|---|---|---|---|
| futur | sali | moto | malade | poli |
| cube | sirop | relire | série | remue |
| lune | hurle | culbute | filé | chahut |
| canal | pile | raffût | flûte | chute |

## J'écris

**3 Écris** la phrase qui correspond à l'image, puis **colorie**-la.

## Je comprends l'histoire de Taoki

**4 Complète** les phrases avec les mots de l'histoire.

Taoki a sué __________ il a réussi.

Il est __________.

Lili le __________.

Hugo l'a élu : « l'______ des ______ » !

Date : ______________________ Manuel pages 24-25 (A)

# Des plantes dans la classe

## J'entends

**1 Colorie** les dessins où tu entends **f**.

## Je vois

**2 Entoure** la syllabe dans les mots.

**fa** farfelu – safari – efface – farandole

**fé** café – félicite – féminin – décoiffé

**fu** fumée – raffût – parfumé – fugitif

## J'écris

**3 Complète** les mots avec **fo**, **fa**, **fi** ou **fé**.

une • rêt

un • let

une • e

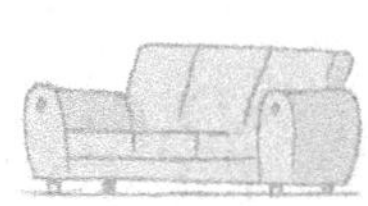
un so•

## Je comprends l'histoire de Taoki

**4 Entoure** les dessins qui sont dans l'histoire.

Date : ______________________ Manuel pages 24-25 (B)

# Des plantes dans la classe

## J'entends

**1 Coche** ☑ la case quand tu entends **f**.

## Je vois

**2 Entoure** dans chaque bulle la syllabe que les mots ont en commun.

| | | | |
|---|---|---|---|
| farine<br>affalé<br>sofa | café<br>Félicien<br>féroce | fossé<br>forêt<br>affolé | affiche<br>parafine<br>finir |

## J'écris

**3 Remets** les mots **dans l'ordre** pour **écrire** une phrase.

*le sofa. – est – La fée – sur – affalée*

## Je comprends l'histoire de Taoki

**4 Relie** chaque phrase à ce dont on parle.

Il est lié avec le fil. •
Il a lié Taoki. •
Il est affolé. •
Taoki se sort de **lui**. •
Il est fort. •

• Taoki
• Le fil

# À la cantine

## J'entends

**1 Colorie** les dessins quand tu entends **e**.

  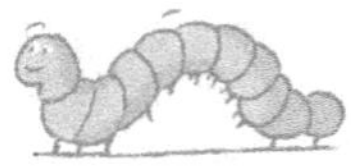 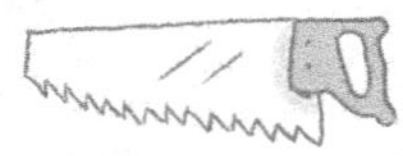

## Je vois

**2 Entoure** la syllabe dans les mots.

**fe** fenouil – carafe – fenêtre – girafe

**se** caresse – seringue – lisse – entorse

**le** pile – parlement – enlever – perle

## J'écris

**3 Écris** la syllabe qui contient **e**.

une ampou•

une ceintu•

un • nard

## Je comprends l'histoire de Taoki

**4 Entoure** les personnages de l'histoire.

**5 Entoure** les objets de l'histoire.

  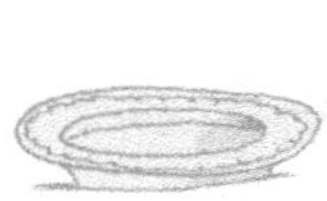  

Date : ____________________ Manuel pages 26-27 B

# À la cantine

## J'entends

**1 Coche** ☑ la case quand tu entends **e**.

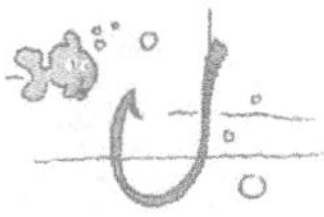

## Je vois

**2 Entoure** dans chaque bulle la syllabe que les mots ont en commun.

| | | | |
|---|---|---|---|
| fenêtre | parlement | semé | carrelé |
| carafe | levier | entorse | repos |
| fenouil | aile | casserole | murmure |

## J'écris

**3 Écris** une phrase qui correspond à l'image.

## Je comprends l'histoire de Taoki

**4 Colorie** les phrases qui correspondent à l'histoire.

Le sol est lisse.

Hugo s'affole.

Lili ne rit pas.

Lili salit le sol.

Taoki salit le sol.

Taoki s'affole.

Taoki a des ressorts.

Date : ______________________________ Manuel pages 28-29 (A)

# Au musée

## J'entends

**1 Colorie** les dessins quand tu entends **m**.

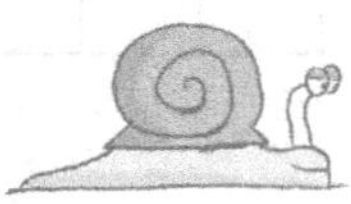

## Je vois

**2 Entoure** dans chaque bulle la syllabe que les mots ont en commun.

| | | |
|---|---|---|
| moto<br>mobile<br>dynamo | tomate<br>matinée<br>lama | mini<br>domino<br>ami |

## J'écris

**3 Complète** les mots avec la bonne syllabe.

| | | |
|---|---|---|
|  |  |  |
| une ma_ _e | un ca_ _léon | une to_ _te |

## Je comprends l'histoire de Taoki

**4 Entoure** les mots qui correspondent à l'histoire.

Il y a < une mamie / une momie > dans la < salle. / malle.

Taoki < rime / mime > la momie.

Ses < maris / amis > sont < forts / morts > de rire.

# Au musée

## J'entends

**1 Relie** les dessins à la syllabe que tu entends.

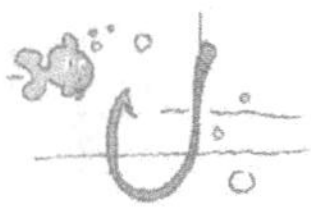     

ma — me — mi — mo — mu — mé

## Je vois

**2 Entoure** dans chaque bulle la syllabe que les mots ont en commun.

| | | |
|---|---|---|
| marmite<br>mini<br>domino | caméra<br>médicament<br>enfermé | larme<br>marmelade<br>menu |

## J'écris

**3 Remets** les syllabes **dans l'ordre** pour **écrire** les mots.

| | | | |
|---|---|---|---|
| ma – la | mée – fu | ra – me | ri – ma – ée |
| un ______ | la ______ | une ______ | une ______ |

## Je comprends l'histoire de Taoki

**4 Complète** le texte avec les mots de l'histoire.

salle – momie – morts – mime – amis

Les ______ sont dans une ______.
Ils sont ______ de rire !

Taoki ______ la momie.
Il y a une ______.

Date : ______________________ Manuel pages 30-31 (A)

# Révisions

## J'entends

**1 Entoure** le son voyelle que tu entends dans chaque mot.

**o u**

**o u**

**é e**

**é e**

**2 Colorie** la syllabe que tu entends dans chaque mot.

**si** **so**

**me** **mé**

**fi** **fa**

**re** **ro**

## Je vois

**3 Relie** les mots identiques.

| | | |
|---|---|---|
| folie • | • réussir • | • MOMIE |
| momie • | • folie • | • FOLIE |
| réussir • | • momie • | • RÉUSSIR |

## J'écris

**4 Complète** les mots par la syllabe qui convient.

**mo** ou **so**

une • ___to

un • ___leil

un las•___

## Je comprends l'histoire de Taoki

**5 Colorie** les phrases qui correspondent à l'histoire.

Taoki salue Lili.

Taoki est "l'as des as".

Avec le fil, Hugo s'en sort.

Taoki mime la momie.

Date : ______________________ Manuel pages 30-31 (B)

# Révisions

## J'entends

**1 Relie** les dessins qui ont la même syllabe.

•　　•　　•　　•

•　　•　　•　　•

## Je vois

**2 Entoure** dans chaque bulle la syllabe que les mots ont en commun.

| | | |
|---|---|---|
| morue<br>ruche<br>rumeur | félin<br>café<br>fée | marin<br>camarade<br>maman |

## J'écris

**3 Sépare** —/— les mots pour faire une phrase et **écris**-la.

Taokis'affoleetsalitlesol.

## Je comprends l'histoire de Taoki

**4 Colorie** les phrases qui sont dans l'histoire.

Taoki, Lili et Hugo sont dans la rue.

Hugo salue Lili.

Taoki est fort : il est "l'as des as".

Avec le fil, Hugo s'en sort.

Émue et affamée, Lili s'affole.

Taoki salit le sol.

Date : ____________________ Manuel pages 32-33 Ⓐ

# Gare à la ruche !

## J'entends

**1 Colorie** les dessins quand tu entends **ch**.

    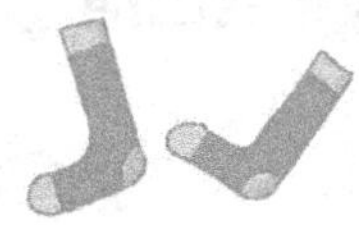

## Je vois

**2 Colorie** de la même couleur les mots identiques.

| | | | | |
|---|---|---|---|---|
| roche | RUCHE | *riche* | ruche | RICHE |
| riche | ROCHE | *ruche* | *roche* | |

## J'écris

**3 Sépare** —/— les mots pour faire une phrase, puis **écris**-la.

Ilyauneruchesurlaroche.

## J'observe la langue

**4 Relie** les dessins à la bonne étiquette.

**masculin** **féminin**

## Je comprends l'histoire de Taoki

**5 Barre** ce qui n'est pas dans l'histoire.

Date : ______________________ Manuel pages 32-33 (B)

# Gare à la ruche !

## J'entends

**1 Relie** les dessins à la syllabe que tu entends.

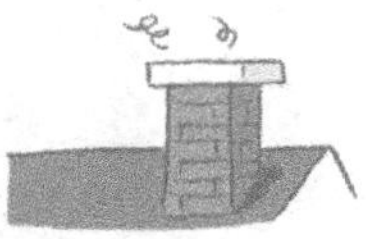

cha    che    chi    cho

## Je vois

**2 Entoure** la syllabe dans les mots.

che   ruche – cheval – roche – cheminée – marche

cha   chatte – chariot – écharpe – chasse – charme

## J'écris

**3 Remets** les mots **dans l'ordre** pour **écrire** une phrase.

a – une – et – écharpe – Richard – mis – marche.

## J'observe la langue

**4 Écris un** ou **une** devant ces mots.

_____ forêt    _____ marché    _____ échasse

## Je comprends l'histoire de Taoki

**5 Remets** les groupes de mots **dans l'ordre** pour **écrire** au moins une phrase de l'histoire.

folle – Taoki – ne sont pas – Ils – à une allure – est chassé – rassurés

Date : ____________________ 

# Un nez douloureux

## J'entends

**1 Colorie** les dessins quand tu entends **n**.

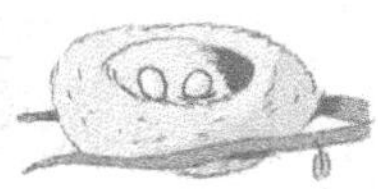

## Je vois

**2 Entoure** la syllabe dans les mots.

| | |
|---|---|
| **na** | canari – manie – ménage – maman – minable |
| **no** | anémone – sonore – chronomètre – nominé – domino |

## J'écris

**3 Remets** les syllabes **dans l'ordre** pour **écrire** les mots.

mé - nu - ro

le ____________________

mal - a - ni

un ____________________

**4 Sépare** –/– les mots pour faire une phrase, puis **écris**-la.

Lamachinesonneàminuit.

## Je comprends l'histoire de Taoki

**5 Écris** V pour « vrai » et F pour « faux ».

- Hugo est assis et il râle. ____
- Taoki a mal à la narine. ____
- La roche est énorme. ____
- Lili rassure Taoki. ____
- Hugo mord dans son ananas. ____

# Un nez douloureux

## J'entends

**1 Barre** ✗ l'intrus dans chaque ligne.

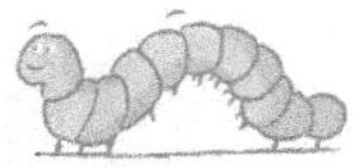
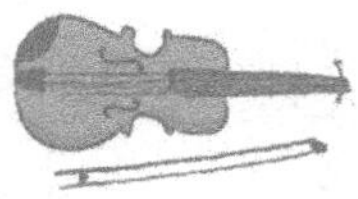

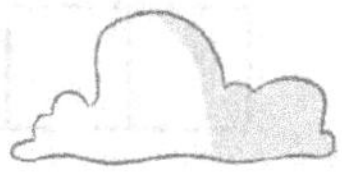

**2 Coche** ☑ la case quand tu entends **n**.

## Je vois

**3 Colorie** ces quatre mots dans la grille.

NUMÉRO
MENU
ANANAS
ANNÉE

| | | | | | | |
|---|---|---|---|---|---|---|
| A | N | A | N | A | S | I |
| N | A | S | U | Y | L | F |
| N | R | Y | M | E | N | U |
| É | I | V | É | È | A | V |
| E | N | O | R | G | S | C |
| O | E | F | O | R | F | M |

## J'écris

**4 Remets** les mots **dans l'ordre** pour **écrire** une phrase.

*Le – assis – sur – renard – cheminée. – est – la*

## Je comprends l'histoire de Taoki

**5 Écris** une phrase pour répondre à la question.

Comment est la narine de Taoki ?

Date : ______________________ Manuel pages 36-37 (A)

# Attention aux champignons !

## J'entends

**1 Coche** ☑ la case quand tu entends **è**.

## Je vois

**2 Colorie** les **è** en bleu et les **ê** en vert.

| | | | | | | | | | |
|---|---|---|---|---|---|---|---|---|---|
| è | Ê | ê | è | é | È | ê | è | Ê | É |

## J'écris

**3 Sépare** —/— les mots pour faire une phrase, puis **écris**-la.

Taokilèchedanslaforêt.

## Je comprends l'histoire de Taoki

**4 Colorie** le ou les prénoms qui correspondent aux phrases.

| | | | | |
|---|---|---|---|---|
| Ils sont dans la forêt. | → | Hugo | Lili | Taoki |
| Il a une manie. | → | Hugo | Taoki | |
| Elle se fâche. | → | Taoki | Lili | |
| Il lèche. | → | Taoki | Hugo | |

**5 Colorie** la réponse à la question.

Où sont Taoki et ses amis ?

| | |
|---|---|
| Ils sont dans la forêt. | Ils sont dans la rue. |

Date : ______________________ Manuel pages 36-37 (B)

# Attention aux champignons !

## J'entends

**1 Relie** chaque dessin à la syllabe que tu entends.

  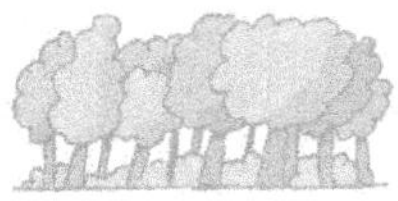 

rè chè

## Je vois

**2 Colorie** toutes les cases où tu vois le mot **forêt**.

| | | | |
|---|---|---|---|
| Forêt | féroce | FORT | forêt |
| Fête | FORÊT | forêt | forte |

## J'écris

**3 Complète** les mots avec la bonne syllabe.

une . vre | une fo t | un chrono tre

## Je comprends l'histoire de Taoki

**4 Écris** une phrase pour répondre à chaque question.

- Où sont Taoki et ses amis ?
- Quelle manie a Taoki ?
- Qui se fâche ?

# Quels sportifs !

## J'entends

**1 Colorie** les dessins quand tu entends **V**.

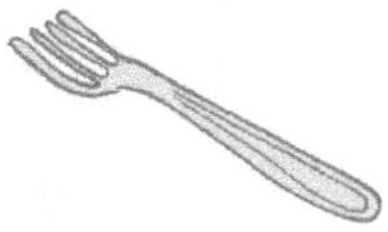  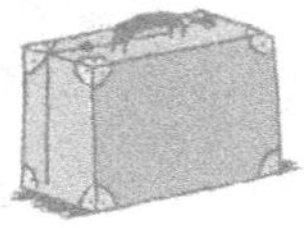 

## Je vois

**2 Relie** les mots identiques.

| | | |
|---|---|---|
| vole • | • lave • | • ville |
| LAVE • | • VILLE • | • VOLE |
| *ville* • | • *vole* • | • *lave* |

## J'écris

**3 Complète** les mots avec la bonne syllabe.

*un* • ___ *can*

*une* • ___ *che*

*un* • ___ *lo*

## Je comprends l'histoire de Taoki

**4 Entoure** les dessins qui sont dans l'histoire.

Date : ____________________ Manuel pages 38-39 (B)

# Quels sportifs !

## J'entends

**1 Relie** chaque dessin à la syllabe qu'il contient.

| vé | va | vi | vo |
|---|---|---|---|

## Je vois

**2 Entoure** dans chaque bulle la syllabe que les mots ont en commun.

| | | |
|---|---|---|
| vedette<br>cave<br>avenue | virage<br>navire<br>vitrine | voleur<br>dévore<br>volatile |

## J'écris

**3 Sépare** —/— les mots pour faire une phrase, puis **écris**-la.

LevélodeHugofinitdanslarivière.

## Je comprends l'histoire de Taoki

**4 Complète** les phrases avec les mots.

rivière – lave – vélo – vaches – fossé

Taoki est à ______ avec Lili et Hugo.

Hugo a vu les ______.

Son vélo finit dans la ______.

Hugo est dans le ______.

Il se relève, se ______ et se sèche.

Date : ____________________ Manuel pages 40-41 A

# Révisions

## J'entends

**1 Colorie** le son voyelle que tu entends dans chaque mot.

che | se

ma | na

fé | vé

ré | rè

## Je vois

**2 Relie** les mots identiques.

| | | |
|---|---|---|
| vache • | • RUCHE • | • forêt |
| forêt • | • vache • | • ruche |
| narine • | • forêt • | • NARINE |
| ruche • | • narine • | • vache |

## J'écris

**3 Remets** les syllabes **dans l'ordre** pour **écrire** les mots.

val - che
un ____________ .

née - che - mi
une ____________ .

nas - a - na
un ____________ .

## Je comprends l'histoire de Taoki

**4 Écris** V pour « vrai » et F pour « faux ».

- Taoki a remué la ruche. ____
- Sa narine est énorme. ____
- Hugo a une manie : il lèche. ____
- Taoki s'affale dans le fossé avec son vélo. ____

# Révisions

## J'entends

**1 Relie** les dessins au son que tu entends.

| v | n | ch |
|---|---|---|

**2 Lis** et **entoure** ceux où tu entends **è**.

un chêne – un vélo – la forêt – une mèche – une revue – un fossé – sèche

## Je vois

**3 Colorie** de la même couleur les mots qui contiennent la même syllabe.

| valise | chameau | rêve | vache | chatte | savane | arête |
|---|---|---|---|---|---|---|

## J'écris

**4 Sépare** –/– les mots pour faire une phrase et **écris**-la .

Hugos'affaledanslefosséavecsonvélo.

## Je comprends l'histoire de Taoki

**5 Numérote** les phrases dans l'ordre de l'histoire.

..... Taoki a remué une ruche.

..... Sa narine est énorme.

..... Hugo, Lili et Taoki marchent dans la forêt.

# Lecture

## Le chat

**1 Entoure** la bonne réponse.

- Qui est affalé sur le lit ?

- Que murmure l'animal ?

Miaou ! | Ouaf ! | Meuhh !

- Quel animal chasse-t-il ?

**2 Colorie** la bonne réponse.

- Que fait le chat ?

| | | | |
|---|---|---|---|
| Il se lèche. | Il râle. | Il se fâche. | Il est affalé. |

- Où est le chat ?

| | | | |
|---|---|---|---|
| dans la rue | sur le lit | dans la forêt | à la rivière |

Date : ______________________ Manuel pages 42-43 (B)

# Lecture

## Le chat

**1 Coche** ☑ Vrai ou Faux.

| | Vrai | Faux |
|---|---|---|
| Le chat est un ami. | | |
| Le rat chasse le chat. | | |
| Le chat est un animal. | | |
| Le rat est affalé sur le lit. | | |

**2 Sépare –/– les mots pour écrire** des phrases.

• Lechatavuunanimal.

• Lechatchasseunrat.

**3 Remets** les mots **dans l'ordre** pour **écrire** une phrase de l'histoire.

*est – Le – le – sur – lit. – chat – affalé*

**4 Écris** les mots dans la grille.

affût – animal –
chasse – chat –
rat – murmure –
rêve

Date : ______________________ Manuel pages 44-45 Ⓐ

# Le chat et les souris

## J'entends

**1 Entoure** les animaux quand tu entends **ou**.

## Je vois

**2 Colorie** uniquement les cases où est écrit le nom d'un animal.

| | | | |
|---|---|---|---|
| un loup | une louche | un ours | une roue |
| un fou | une mouche | une fourmi | la mousse |

## J'écris

**3 Utilise** les syllabes pour écrire les mots. N'oublie pas le petit mot qui les accompagne.

*une – le – la – lou – four – mi – ris – sou – che*

## Je comprends l'histoire de Taoki

**4 Colorie** les phrases qui correspondent à l'histoire.

| | |
|---|---|
| La souris se savonne. | Hugo est avec ses amis dans la forêt. |
| C'est Taoki le chat. | Lili est sous un chêne. |
| Il y a des fourmis dans la mousse. | Hugo s'est évanoui. |

# Le chat et les souris

## J'entends

**1 Relie** les dessins à la syllabe où tu entends **ou**.

mou — gou — pou — nou

## Je vois

**2 Colorie** toutes les cases où tu vois les différentes écritures de **ou** pour que le chien retrouve son os.

| | | | | |
|---|---|---|---|---|
| on | no | OU | ou | ou |
| ou | ou | ou | ON | ou |
| OR | on | no | oi | OU |

## J'écris

**3 Remets** les mots **dans l'ordre** pour **écrire** une phrase.

un – souris – La – soulève – sou.

## Je comprends l'histoire de Taoki

**4 Complète** le texte avec les mots ci-dessous.

chat – amis – souris – où – sous

Les ________ de Hugo sont venus. Taoki est le ________. Il est semé par les ________. Lili est ________ un chêne. Mais ________ est Hugo ?

Date : ____________________ Manuel pages 46-47 (A)

# Le gâteau d'anniversaire

## J'entends

**1 Barre** ✗ l'intrus dans chaque ligne.

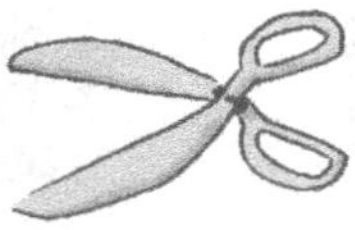   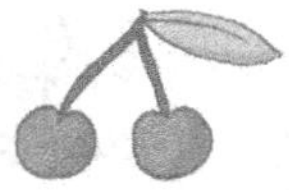

## Je vois

**2 Entoure** tous les **z** que tu vois.

j – z – n – Z – N – a – d – l – s – v – r – z

## J'écris

**3 Remets** les groupes de mots **dans l'ordre** pour **écrire** une phrase.

et Lili – dans – Zélie – le zoo. – marchent

## Je comprends l'histoire de Taoki

**4 Relie** chaque début de phrase au dessin qui convient.

Taoki allume le numéro • • 

Taoki allume avec le • • 

Sur le sol, il y a un • • 

z Z
z z



# Le gâteau d'anniversaire

## J'entends

**1 Relie** les dessins qui ont la même syllabe.

 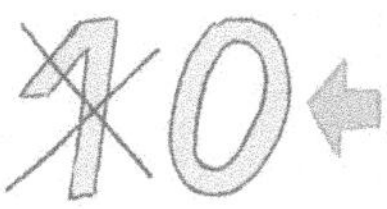  

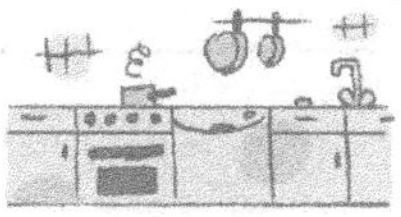 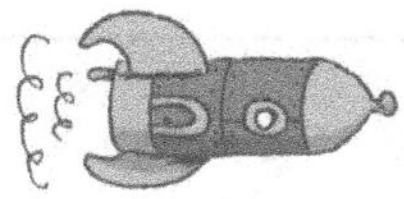 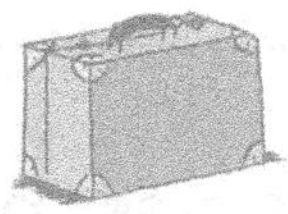 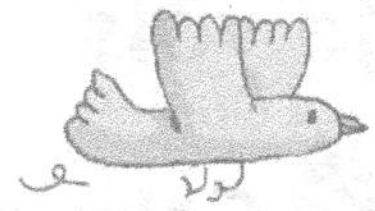

## Je vois

**2 Colorie** ces cinq mots dans la grille.

AZALÉE
ZÉRO
AZUR
ZONE
RIZIÈRE

| | | | | | | | | | | | | |
|---|---|---|---|---|---|---|---|---|---|---|---|---|
| B | J | U | D | E | S | T | A | Z | A | L | É | E |
| C | O | P | K | I | T | U | N | É | Q | L | I | M |
| P | E | S | H | L | A | Z | U | R | S | M | V | E |
| Z | A | T | F | X | I | O | M | O | P | B | N | Y |
| E | S | W | U | T | O | N | N | J | I | K | O | Z |
| R | I | Z | I | È | R | E | L | H | E | Z | V | U |

## J'écris

**3 Écris** les mots sous les dessins.

le ____________

le ____________

le ____________

## Je comprends l'histoire de Taoki

**4 Barre** les mots qui ne correspondent pas à l'histoire.

Les amis de Lili et Hugo sont sourds. Taoki arrive avec une souris.
Il allume la cheminée.
Le lézard, la vache et la sirène : c'est comme une ville !

# Taoki est malade

## J'entends

**1 Entoure** le dessin quand tu entends **p**.

 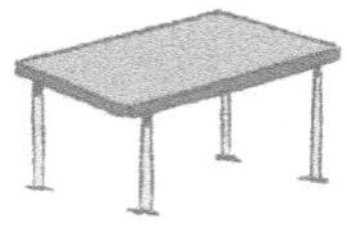 |  

  |  

## Je vois

**2 Colorie** les cases où tu vois **p**.

| | | | | | | | | | | | |
|---|---|---|---|---|---|---|---|---|---|---|---|
| p | b | P | q | p | d | q | d | p | P | q | B |

## J'écris

**3 Complète** les mots avec la bonne syllabe.

le cham___gnon

l'é___vantail

la ju___

## J'observe la langue

**4 Recopie** uniquement les mots au pluriel.

le zéro – les épines – une pile – un pot – des pizzas – les poches – papa

## Je comprends l'histoire de Taoki

**5 Entoure** les phrases qui sont vraies.

Taoki est malade. Il y a une poule sur le pull. Taoki est puni sur son lit.

Taoki palpe le repas. De la fumée sort de ses narines.

p P

Date : ____________________ Manuel pages 48-49 (B)

# Taoki est malade

## J'entends

**1 Coche** ☑ la case quand tu entends **p**.

## Je vois

**2 Relie** les mots identiques et les lettres qui les constituent.

| | | | |
|---|---|---|---|
| palme • | • palpe • | • palme • | • ELAPP |
| palpe • | • PALME • | • PALPE • | • MALPE |

## J'écris

**3 Sépare** —/— les mots pour faire une phrase et **écris**-la.

Liliréparesapoupéeavecdufil.

## J'observe la langue

**4 Écris** les mots sous les dessins. Attention au pluriel !

 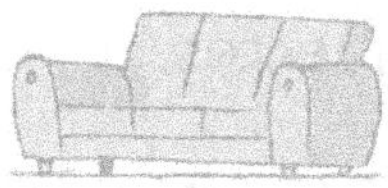 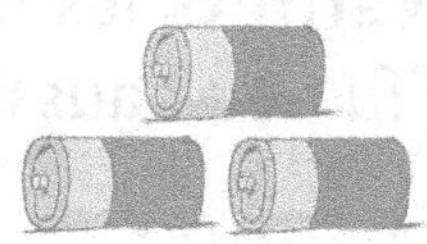

## Je comprends l'histoire de Taoki

**5 Coche** ☑ la case de celui dont on parle.

| | Taoki | Le papa de Hugo |
|---|---|---|
| Il est au lit. | | |
| Il arrive. | | |
| Il sue. | | |
| Il soupire. | | |

Date : ____________________ Manuel pages 50-51 (A)

# Chez le vétérinaire

## J'entends

**1** **Entoure** les dessins quand tu entends **c**.

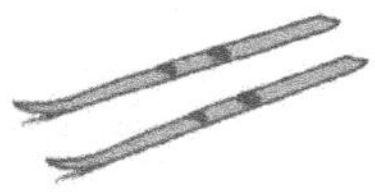    

## Je vois

**2** **Entoure** ces quatre mots dans la grille.

CARNAVAL COU
COLÈRE CAFARD

| | | | | | | | |
|---|---|---|---|---|---|---|---|
| C | A | R | N | A | V | A | L |
| C | M | É | C | A | N | O | C |
| O | C | O | L | È | R | E | O |
| C | A | F | A | R | D | O | U |

## J'écris

**3** Devinettes. **Écris** les réponses aux devinettes en t'aidant de ces mots.

licorne – cape – caméra

Elle a une corne. → la ____________________

Zorro en a une sur le dos. → une ____________________

C'est pour un film. → une ____________________

## Je comprends l'histoire de Taoki

**4** **Remets** les mots **dans l'ordre** pour **écrire** des phrases.
(Tu peux aussi coller les étiquettes.)

- Hugo – sur le canapé. – est assis

- s'occupe – malades. – Éric – des chats

| Hugo | sur le canapé. | est assis |
|---|---|---|

| s'occupe | malades. | Éric | des chats |
|---|---|---|---|

# Chez le vétérinaire

## J'entends

**1 Coche** ☑ la case quand tu entends **c**.

□□

□□□

□□□

□□□

## Je vois

**2 Colorie** ces mots dans la grille.

CARNAVAL
ACTE
CANAPÉ
ÉCOLE
LOCAL
MÉCANO
SAC
COLÈRE
CAR
CHOC

| | | | | | | | |
|---|---|---|---|---|---|---|---|
| C | A | R | N | A | V | A | L |
| A | C | T | E | C | A | R | O |
| N | E | S | I | C | H | O | C |
| A | C | O | L | È | R | E | A |
| P | M | É | C | A | N | O | L |
| É | C | O | L | E | S | A | C |

## J'écris

**3 Écris** la réponse de ces devinettes.

Zorro en a une sur le dos. → une ______

C'est pour un film. → une ______

Elle a une corne. → la ______

## Je comprends l'histoire de Taoki

**4 Remets** les mots **dans l'ordre** pour **écrire** des phrases.

• sur – le – Hugo – assis – canapé. – est

• s'occupe – malades. – des – Éric – chats

Date : ______________________ Manuel pages 52-53 (A)

# Taoki est guéri

## J'entends

**1 Colorie** les dessins quand tu entends **b**.

## Je vois et j'écris

**2 Recopie** les mots dans la bonne colonne.

un hibou – râpé – un carré – un rébus – le décor –
la poule – le robot – un caniche – une palme

| et p | et c | et b |
|---|---|---|
| | | |

## Je comprends l'histoire de Taoki

**4 Relie** chaque question à sa réponse.

Qui a une carie ? •
Qui est couché dans un sac ? •
Qui amène un bol de chocolat ? •
Qui a bonne mine ? •

• C'est Hugo.
• C'est Lili.
• C'est Taoki.

Date : ____________________ Manuel pages 52-53 (B)

# Taoki est guéri

## J'entends

**1 Écris** le mot dans la bonne colonne.

  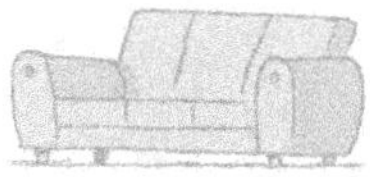 

| p | c | b |
|---|---|---|
| | | |

## Je vois

**2 Colorie** tous les **b** que tu vois dans la phrase.

- Bob a bouché la douche avec un petit bidule biscornu.

## J'écris

**3 Écris** une phrase qui correspond au dessin.

## Je comprends l'histoire de Taoki

**4 Réponds** à chaque question par une phrase.

- Qui a une carie ?

C'est

- Qui est couché dans un sac ?

- Qui amène un bol de chocolat ?

Date : ________________________________ Manuel pages 54-55 (A)

# Révisions

## J'entends

**1 Relie** chaque animal au son que tu entends.

| p | b | c |

## Je vois

**2 Colorie** les cases contenant le nom de choses qui se mangent.

| | | | | |
|---|---|---|---|---|
| pou | soupe | pomme | chou | bol |
| cave | bus | colle | chocolat | pêche |

## J'écris

**3 Sépare** —/— les noms de ces 5 animaux et **recopie**-les.

lézardbichecanneléopardmouche

## J'observe la langue

**4 Entoure** le dessin qui correspond à chaque mot.

- robots  
- hibou  

## Je comprends l'histoire de Taoki

**5 Entoure** les mots qui correspondent aux histoires de Taoki.

Taoki va < chez Éric / chez Lili > qui < cache / s'occupe > de sa carie.

Date : ______________________ Manuel pages 54-55 **B**

# Révisions

## J'entends

**1** **Entoure** chaque animal de la couleur du son que tu entends.

b  c  p

## Je vois

**2** **Colorie** les cases contenant le nom de choses qui se mangent.

| | | | | | | |
|---|---|---|---|---|---|---|
| pou | soupe | pomme | purée | chou | bol | pull |
| bus | colle | cave | pizza | semoule | chocolat | ananas |
| épinard | pêche | radis | bazar | avocat | lac | lézard |

## J'écris

**3** **Remets** les syllabes **dans l'ordre** pour **écrire** les noms de 3 animaux.

pu – four – che – mi – ma – mou

## J'observe la langue

**4** **Écris** sous chaque dessin ce que tu vois. Attention au pluriel !

## Je comprends l'histoire de Taoki

**5** **Remets** les mots **dans l'ordre** pour **écrire** une phrase.

carie. – Éric – Taoki – s'occupe – chez – de – la – de

Date : ____________________

Manuel pages 56-57 (A)

# Le concours de danse

## J'entends

**1** **Relie** chaque dessin au son que tu entends.

• • • •

• ch • j

## Je vois

**2** **Entoure** la syllabe identique au modèle.

| | |
|---|---|
| **jo** | joli – mijoté – cajolé – la majorité |
| **jou** | de l'acajou – une joute – un sapajou – ajouté |
| **ju** | le judo – une minijupe – un jury – du jus |

## J'écris

**3** **Remets** les syllabes **dans l'ordre** pour **écrire** des mots.

*jou – bi* | *ma – ja – py* | *ve – ja – lot*

*un* ________ | *un* ________ | *un* ________

**4** **Recopie** uniquement la phrase correcte, qui a du sens.

Quelle jolie ! Quelle bof ! Quelle journée !

## Je comprends l'histoire de Taoki

**5** **Relie** chaque phrase au personnage qui correspond.

Elle est jolie. • • 

Il vole. • • 

Il se réjouit. • • 

Date : ______________________ Manuel pages 56-57 (B)

# Le concours de danse

## J'entends

**1 Relie** chaque dessin au son que tu entends.

ju — jou — je — ji

## Je vois

**2 Écris** chaque mot dans la bonne colonne.

mijoté – déjà – bijou – pyjama – jury – joli – tajine – major – java

| son [j] au début du mot. | son [j] au milieu du mot. | son [j] à la fin du mot. |
|---|---|---|
| | | |

## J'écris

**3 Recopie** la phrase de ton choix et **dessine** .

- Jules avale un jus de pomme.
- Je lis le journal en pyjama.

## Je comprends l'histoire de Taoki

**4 Complète** les phrases avec les mots des histoires de Taoki.

Lili est jolie avec sa ______________ et ses ______________.

Elle ______________ avec Taoki.

Date : ______________________________ Manuel pages 58-59 (A)

# Dans la mêlée

## J'entends ______________________________

**1 Colorie** les dessins quand tu entends **g**.

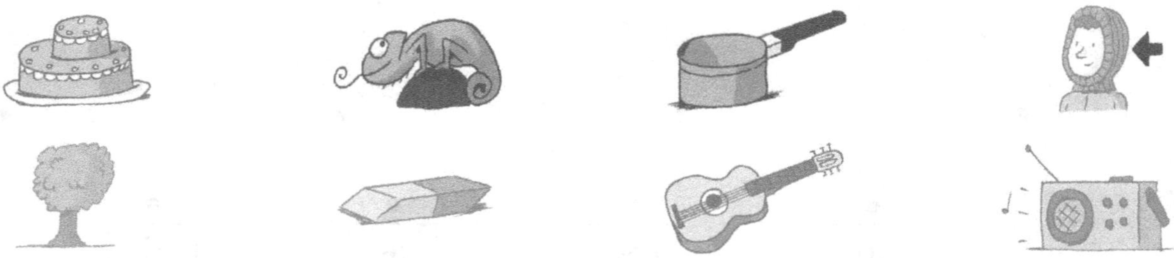

## Je vois ______________________________

**2 Colorie** les cases où tu vois un **g**.

| | | | | | | | | | | | | | | | |
|---|---|---|---|---|---|---|---|---|---|---|---|---|---|---|---|
| G | j | g | G | g | J | j | g | j | g | g | P | G | g | G | q |

## J'écris ______________________________

**3 Remets** les syllabes **dans l'ordre** pour **écrire** les mots.

| gu – mes – lé | ca – le – gou | zi – ma – ga – ne |
|---|---|---|
| les ______ | une ______ | un ______ |

## J'observe la langue ______________________________

**4 Complète** avec le mot qui convient.

- la galerie → ______ galeries
- une jupe → ______ jupes

## Je comprends l'histoire de Taoki ______________________________

**5 Écris** V pour « vrai » et F pour « faux ».

- Hugo joue au golf. ______
- Il court en zigzag. ______
- Il y a une bagarre dans le bus. ______

g G

Date : ____________________ Manuel pages 58-59 (B)

# Dans la mêlée

## J'entends

**1 Relie** les dessins à la syllabe que tu entends.

| ga | ca | gou | cou |
|---|---|---|---|

## Je vois

**2 Entoure** la syllabe identique au modèle.

**gu** légume – figure – virgule

**gou** égouté – gousse – gouache – kangourou

## J'écris

**3 Complète** la grille de mots fléchés avec les mots suivants.

CAGOULE RUGBY
GOMME MYGALE
LÉGUME

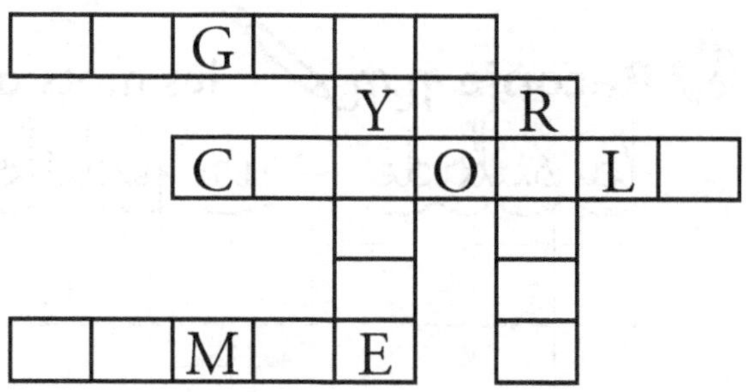


## J'observe la langue

**4 Écris** les mots au pluriel.

la galerie → ____________ un jour → ____________

## Je comprends l'histoire de Taoki

**5 Réécris** ces phrases pour qu'elles correspondent à l'histoire.

• Hugo et Taoki jouent au golf.

# Taoki au tapis !

## J'entends

**1 Colorie** toutes les cases où tu entends **d** pour aider l'ara à retrouver sa cage.

## Je vois

**2 Entoure** tous les **d** que tu vois dans cette phrase.

- Le soda a débordé et Hadibou le regarde dégouliner.

## J'écris

**3 Recopie** les mots quand tu entends **d**.

la salade – un pédalo – des bijoux – la cagoule

## Je comprends l'histoire de Taoki

**4 Colle** les réponses à ces questions. Attention ! il y a un intrus.

- Qui Lili a-t-elle défié ?
- Où Taoki a-t-il mal ?
- Qui se passera de la pommade ?

| | | | |
|---|---|---|---|
| C'est Taoki. | Taoki a mal au dos. | Lili a défié Taoki. | Lili adore le judo. |

Date : ______________________________ Manuel pages 60-61 (B)

# Taoki au tapis !

## J'entends

**1 Barre** X le dessin quand tu n'entends pas **d**.

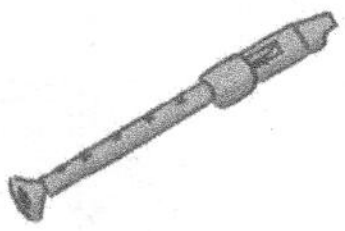  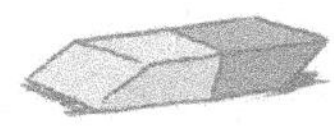 

## Je vois et j'entends

**2 Écris** chaque mot dans la bonne colonne.

domino – pédale – radis – cadenas – paradis – début – mélodie

| son [d] au début du mot. | son [d] au milieu du mot. | son [d] à la fin du mot. |
| --- | --- | --- |
| | | |

## J'écris

**3** Devinettes.

- Le 2e jour de la semaine. le ______________________
- Le 6e jour de la semaine. le ______________________

**4 Complète** ces phrases avec **Je suis** ou **J'ai**.

- ______________________ malade.
- ______________________ lu.
- ______________________ réussi.
- ______________________ immobile.

## Je comprends l'histoire de Taoki

**5 Réponds** à chaque question par une phrase.

- Qui Lili a-t-elle défié ?
- Où Taoki a-t-il mal ?

Date : ______________________ Manuel pages 62-63 (A)

# Départ en vacances !

## J'entends

**1 Colorie** les dessins quand tu entends **an**.

## Je vois

**2 Colorie** toutes les cases où tu vois **an**.

| | | | | | | | | | | | | | |
|---|---|---|---|---|---|---|---|---|---|---|---|---|---|
| an | en | in | On | *in* | on | AN | *on* | in | AN | *en* | *an* | EN | an |

## J'écris

**3 Remets** les syllabes **dans l'ordre** pour **écrire** des mots.

| *le – pen – du* | *da – san – les* | *ra – o – di* |
|---|---|---|
| *une* ______ | *des* ______ | *la* ______ |

## Je comprends l'histoire de Taoki

**4 Complète** le texte avec les mots de l'histoire. Attention à l'intrus !

*Maman – roman – radio – Paris – chant – encore – Taoki*

Lili et Taoki partent à ______. ______ est au volant.

Papa lit un ______. Ils écoutent tous la ______.

Taoki mime un ______. Les enfants sourient

en regardant ______.

Date : ____________________ Manuel pages 62-63 (B)

# Départ en vacances !

## J'entends

**1** **Relie** le dessin à la syllabe que tu entends.

lan — can — van — pan

## Je vois

**2** **Entoure** la syllabe identique au modèle.

| | |
|---|---|
| **gan** | toboggan – slogan – gandoura – Gargantua |
| **pen** | pendule – soupente – pensive – charpente |
| **man** | mandarine – maman – talisman – mandoline |
| **men** | mentir – tourmenté – segmenté – menthe |

## J'écris

**3** **Remets** les mots **dans l'ordre** pour **écrire** une phrase.

des gants élégants – demande – à sa maman. – Andy

## Je comprends l'histoire de Taoki

**4** **Réécris** ces phrases pour qu'elles correspondent à l'histoire de Taoki.

- Lili, Taoki et Noé partent à Cannes pour Noël.
- Taoki mime un manchot qui passe à la radio.

Date : ____________________ Manuel pages 64-65 Ⓐ

# Les vitrines de Noël

## J'entends

**1 Coche** ☑ la case quand tu entends **t**.

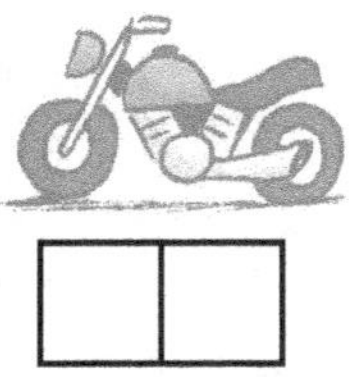
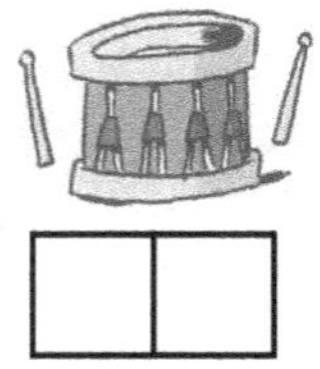

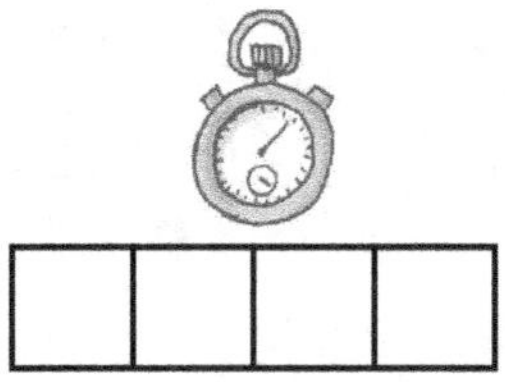

## Je vois

**2 Entoure** la syllabe identique au modèle.

| | |
|---|---|
| **ta** | tentacule – taratata – vitalité – vitamine |
| **ti** | ouistiti – petite – tipi – activité |
| **tou** | toupie – étouffé – touriste – toutou |

## J'écris

**3 Complète** la grille de mots fléchés.

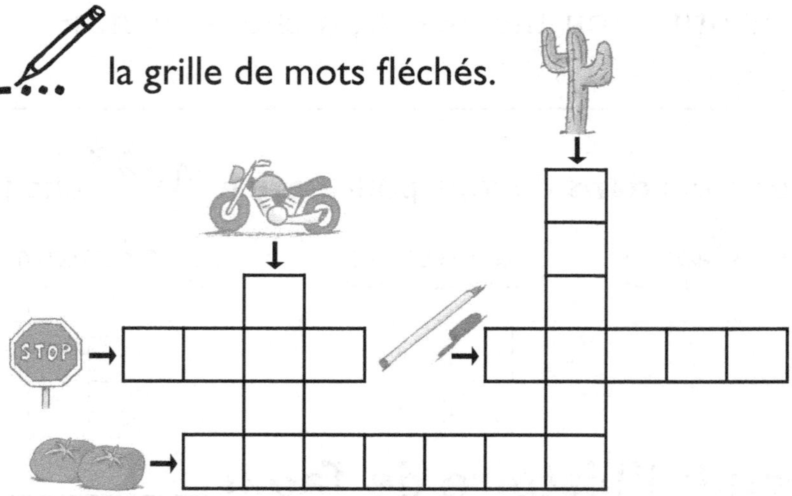


## Je comprends l'histoire de Taoki

**4 Colorie** la bonne réponse à chaque question.

- Où sont Lili et Taoki ?

| | |
|---|---|
| Ils sont dans les rues de Paris. | Ils sont dans les rues de Cannes. |

- À qui Taoki chuchote-t-il ?

| | |
|---|---|
| Il chuchote aux passants. | Il chuchote aux figurines. |

Date : ________________________________ Manuel pages 64-65 B

# Les vitrines de Noël

## J'entends

**1 Barre** ✗ le dessin quand tu n'entends pas **t**.

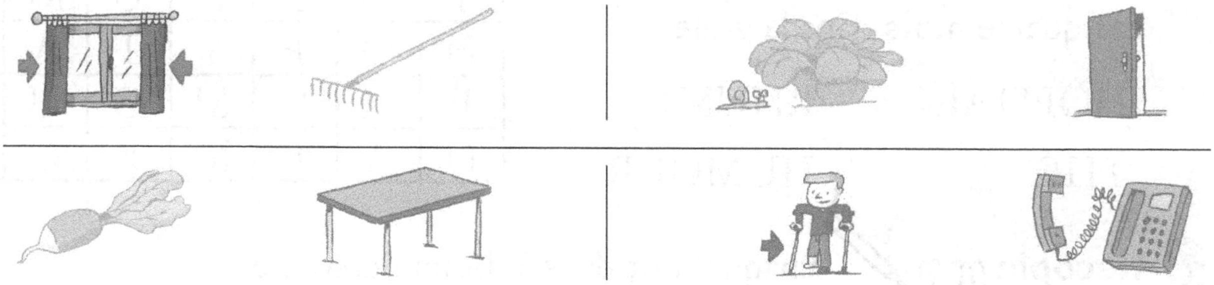

## Je vois et j'entends

**2 Écris** chaque mot dans la bonne colonne.

tapis – partie – batterie – saleté – tasse – matinal

| [t] au début du mot. | [t] au milieu du mot. | [t] à la fin du mot. |
|---|---|---|
| | | |

## J'écris

**3 Remets** les mots **dans l'ordre** pour **écrire** une phrase.

animal – est – Le – timide. – plutôt – tatou – un

## Je comprends l'histoire de Taoki

**4 Numérote** les phrases dans l'ordre de l'histoire.

..... Taoki et Lili admirent les devantures animées.

..... Les peluches se lèvent et volent.

..... La féérie est totale.

..... Taoki chuchote des mots aux figurines.

Date : ______________________ Manuel pages 66-67 (A)

# Noël en famille

## J'entends et je vois

**1** **Retrouve** et **colorie** ces quatre mots dans la grille.

HÔPITAL RHUME
THÉ HUMOUR

| | | | | | | |
|---|---|---|---|---|---|---|
| T | C | R | H | U | M | E |
| H | Ô | P | I | T | A | L |
| É | H | U | M | O | U | R |
| N | A | F | M | B | C | E |

**2** **Recopie** chaque mot dans la bonne colonne.

habit – thé – cheval – huit – menthe – manche

| h seul | h derrière un c | h derrière un t |
|---|---|---|
| | | |
| | | |

## J'écris

**3** **Écris** les mots sous les dessins.

*un hamac – un hibou – la hotte*

*la* ______________

*un* ______________

*le* ______________

## J'observe la langue

**4** **Entoure** le bon pronom.

 il – elle – ils – elles

 il – elle – ils – elles

 il – elle – ils – elles

 il – elle – ils – elles

## Je comprends l'histoire de Taoki

**5** **Écris** Vrai ou Faux.

- Ils sont tous réunis chez papi et mamie. ______
- Des boules décorent l'appartement. ______

h H
h H

Date : ______________________

Manuel pages 66-67 B

# Noël en famille

## J'écris

**1 Complète** la grille de mots fléchés avec les mots proposés.

CHAT HARICOT
HARPE HAMAC
HOTTE
HARMONICA

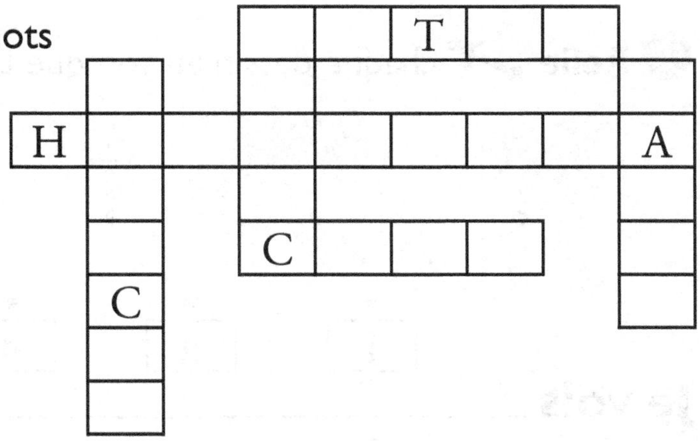


**2 Écris** les mots sous les dessins.
Attention ! ils commencent tous par un **h**.

un ______

un ______

un ______

**3 Complète** les phrases avec **tous** ou **toutes**.

- Les haricots sont ______ cuits.
- Mes copines sont ______ là.
- Les tomates sont ______ coupées.
- Les lapins se sont ______ enfuis.

## Je comprends l'histoire de Taoki

**4 Réécris** ces phrases pour qu'elles correspondent à l'histoire.

- L'hôtel est décoré de chocolat et de couronnes.

- Il est midi. Tous se rendent à côté du hamac.

Date : ___________________________________ Manuel pages 68-69 (A)

# Révisions

## J'entends

**1** **Relie** chaque dessin au son que tu entends.

| j | g | d | an | t |
|---|---|---|---|---|

## Je vois

**2** **Colorie** ces cinq mots dans la grille.

JUNIOR ORDURE
HUILE

| | | | | | | | | | |
|---|---|---|---|---|---|---|---|---|---|
| L | C | A | J | U | N | I | O | R | L |
| E | O | R | D | U | R | E | F | I | M |
| N | S | G | R | E | H | U | I | L | E |

## J'écris

**3** **Remets** les syllabes **dans l'ordre** pour **écrire** les mots.

le – vol – ma – ca – can – to – te – gou

un ______________ une ______________ une ______________

## J'observe la langue

**4** **Écris** **le** ou **les** devant chaque dessin.

______  ______  ______ 

## Je comprends l'histoire de Taoki

**5** **Colorie** les mots pour terminer les phrases de l'histoire.

- Taoki danse | avec Léa. | avec Lili.
- Taoki a mal | au dos. | à la patte.

Date : ______________________ Manuel pages 68-69 (B)

# Révisions

## J'entends

**1 Relie** les dessins quand tu entends le même son au début du mot.

 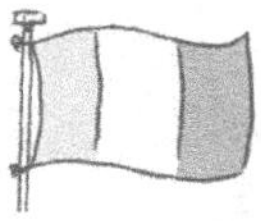 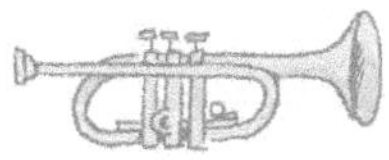 

## Je vois et j'écris

**2 Colorie** les cinq mots cachés dans la grille et **écris**-les.

| | | | | | | | | | |
|---|---|---|---|---|---|---|---|---|---|
| L | C | A | J | U | N | I | O | R | L |
| E | O | R | D | U | R | E | F | I | M |
| N | S | G | R | E | H | U | I | L | E |
| T | E | N | D | I | V | E | T | Y | P |

J _ _ _ _ _ O _ _ _ _ _

E _ _ _ _ _ _ L _ _ _

H _ _ _ _

## J'observe la langue

**3 Recopie** les phrases en replaçant les mots en gras par **Elle** ou **Ils**.

**Les hiboux** dorment. **La fête** est réussie.

## Je comprends l'histoire de Taoki

**4** Quelle aventure de Taoki as-tu préférée ? Pourquoi ? **Écris**.

Date : ____________________________ Manuel pages 70-71 (A)

# Lecture

## Qui est le lézard ?

**1 Complète** le dessin avec les noms des parties du corps du lézard.

la tête – les pattes – la queue – le ventre

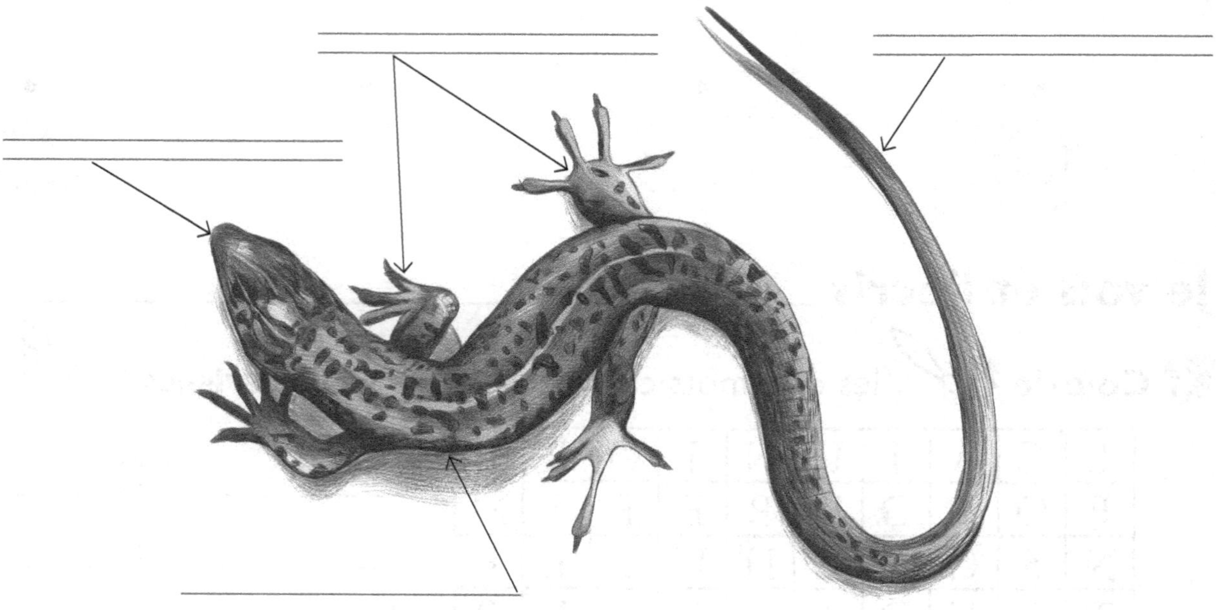

**2 Entoure** ce que mange le lézard.

   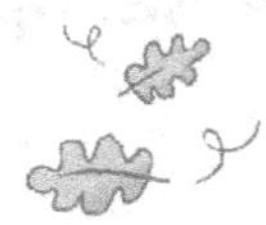

**3 Coche** la bonne case.

| | Vrai | Faux |
|---|---|---|
| Le lézard chasse surtout le jour. | | |
| Le lézard est un reptile. | | |
| Sa queue se détache et repousse. | | |
| Le lézard court sur les murs en été. | | |
| Le lézard se nourrit de yaourt. | | |
| Le lézard vit dans les mares. | | |

Date : ____________________

Manuel pages 70-71 (B)

# Lecture

## Qui est le lézard ?

**1 Complète** le dessin avec les noms des parties du corps du lézard.

**2 Colorie** ce que mange le lézard.

| | | |
|---|---|---|
| des yaourts | des hérissons | des fourmis |
| des pêches | du chêne | des mouches |

**3 Entoure** les reptiles, de la même famille que le lézard.

**4 Complète** les phrases avec les mots du texte.

- Le lézard est un ____________.
- Il se nourrit d'____________.
- Si on attrape sa queue, elle se ____________ mais elle ____________ !
- Le lézard adore la lumière de l'____________.

# Bonne année !

## J'entends

**1** **Coche** la case quand tu entends le son demandé.

| br | dr | fr | tr |
|---|---|---|---|
|  |  | 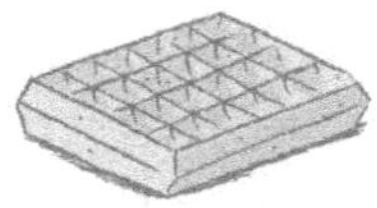 |  |
| ☐☐☐ | ☐☐ | ☐☐ | ☐☐☐☐ |

## Je vois

**2** **Colorie** chaque syllabe de la bonne couleur.

bra   cre   fro   dru   pri

| | | | | | | |
|---|---|---|---|---|---|---|
| cre | fro | pri | cre | fro | dru | bra |
| dru | bra | dru | bra | cre | pri | fro |

## J'écris

**3** **Remets** les mots **dans l'ordre** pour **écrire** la phrase.

chasse – tigre – chèvre. – Le – la

## Je comprends l'histoire de Taoki

**4** **Entoure** la bonne réponse.

| | | |
|---|---|---|
| • Il est le frère de Lili. | **Hugo** | **Noé** |
| • Il salue la foule. | **Taoki** | **Noé** |
| • Elles illuminent la foule. | **les lumières** | **les enfants** |
| • Ils sont près de la Tour. | **les lumières** | **les enfants** |

# Bonne année !

## J'entends

**1** **Relie** les dessins à la syllabe que tu entends.

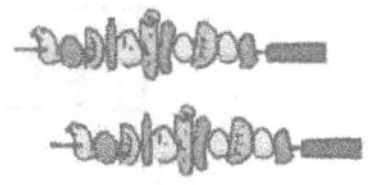

cra — bro — fri — tru

## Je vois

**2** **Entoure** dans chaque bulle la syllabe que les mots ont en commun.

| | | | |
|---|---|---|---|
| des frites | un livre | un acrobate | patatra |
| l'Afrique | pauvre | un crocodile | des traces |
| il frissonne | une pieuvre | un microbe | le trafic |

## J'écris

**3** Devinette.

- Je suis un fruit d'été petit et orange : un _ _ _ _ _ _ t.
- Je suis tout petit et je donne parfois des maladies : un _ _ _ _ _ _ _ _ .
- Je vis dans la savane et je ressemble à un cheval : le _ _ _ _ _ .

## Je comprends l'histoire de Taoki

**4** **Numérote** les phrases dans l'ordre de l'histoire.

- [.....] Taoki salue la foule pour dire « Bonne année ».
- [.....] Des lumières illuminent la foule.
- [.....] Noé, Lili et Taoki sont près de la tour.
- [.....] Il n'est pas encore minuit.

Date :

Manuel pages 74-75 (A)

# À l'aéroport !

## J'entends

**1** **Coche** la case quand tu entends le son demandé.

| bl | gl | pl | fl |
|---|---|---|---|
|  | 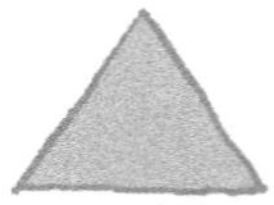 |  |  |

## Je vois

**2** **Entoure** les **bla** et **cla** que tu vois dans ces phrases.

- Rémi raconte des blagues dans la classe.
- Il éclate de rire dans la classe.

## J'écris

**3** **Écris** les mots avec les syllabes proposées.

che – clo – flè – ta – che – ble

une

une

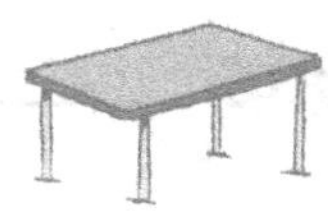

une

## J'observe la langue

**4** **Entoure** le mot qui décrit l'action.

- Il joue dans le salon.
- Elle marche dans la rue.

## Je comprends l'histoire de Taoki

**5** **Entoure** les mots qui correspondent à l'histoire.

- Hugo, Lili et Taoki arrivent à Bafoulabé. / Barbapapa.
- Taoki se tend mal. / sent pâle.
- Il tartine. / dégouline.
- Il rêve de pluie. / suie.

Date : ______________________ Manuel pages 74-75 (B)

# À l'aéroport !

## J'entends

**1 Relie** chaque dessin au son que tu entends.

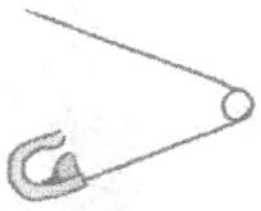    

| bl | fl | cl | gl | pl |

## Je vois

**2 Entoure** dans chaque bulle la syllabe que les mots ont en commun.

- un globe / des globules / il sanglote
- horriblement / pénible / probablement
- un supplice / un repli / plissé
- il réclame / la classe / il déclare

## J'écris

**3 Écris** les mots sous les dessins.

une ______

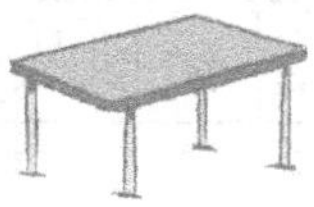

la ______

le ______ e

## J'observe la langue

**4 Réponds** à la question pour dire quelle est l'action.

- Il joue dans le salon. → Que fait-il ?

## Je comprends l'histoire de Taoki

**5 Complète** les phrases avec les mots de l'histoire.

- Hamidou et son ______ attendent les amis près de la ______.
- Ils portent de ______ boubous ______.

# Taoki danse

## J'entends

**1** **Colorie** les dessins quand tu entends **in**.

## Je vois

**2** **Colorie** toutes les cases où tu vois **in** pour que le singe mange sa banane.

| | | | | | |
|---|---|---|---|---|---|
| in | in | ni | mi | Mi | Ni |
| ni | in | Mi | in | in | in |
| Ni | in | in | in | mi | in |

## J'écris

**3** **Remets** les mots **dans l'ordre** pour **écrire** des phrases.

tapent – hommes – tam-tams. – sur – des – Les

installés – parents – coussins. – Les – sur – des – sont

## Je comprends l'histoire de Taoki

**4** **Complète** le texte avec les mots proposés.

hommes – fête – coussins – fin – instruments – parents

- C'est la ____________ de la journée.
- La ____________ débute chez Hamidou.
- Les ____________ de Hugo sont assis sur des ____________.
- Les ____________ jouent de leurs ____________.

Date : ______________________________

Manuel pages 76-77 (B)

# Taoki danse

## J'entends

**1 Relie** chaque dessin au son que tu entends.

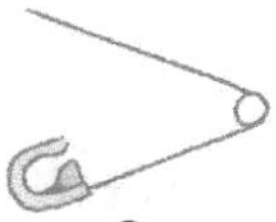   

sin — pin — tin

## Je vois

**2 Lis** les mots, puis **colorie** ceux dans lesquels tu entends **in**.

| | | | |
|---|---|---|---|
| instruments | épine | matin | coussin |
| copine | jardin | nuit | mine |
| par | Mali | patine | route |

**3 Barre** l'intrus dans chaque ligne.

- lapin – matin – épine – chemin – jardin
- oursin – tétine – moulin – coussin – butin
- sapin – lutin – fin – matin – Chine

## J'écris

**4 Sépare** les mots et **écris** la phrase.

- TouslesamisdeTaokisontassissurdescoussins.

## Je comprends l'histoire de Taoki

**5 Écris** une phrase pour répondre aux questions.

- Chez qui les amis font-ils la fête ?

- Que fait Lili ?

# Safari dans la savane

## J'entends

**1** **Colorie** les dessins quand tu entends **on**.

## Je vois

**2** **Colorie** toutes les cases où tu vois **on** pour que le lion attrape le zèbre.

| | | | | | |
|---|---|---|---|---|---|
| oin | on | on | on | Oi | No |
| no | on | No | ON | un | oin |
| Mo | on | or | on | an | oi |
| → on | On | an | on | on | ON → |

## J'écris

**3** **Remets** les syllabes **dans l'ordre** pour **écrire** des mots.

son – chon – sson – co – hé – our – ri

un ____________

un ____________

le ____________

## Je comprends l'histoire de Taoki

**4** **Coche** la bonne case.

| | Vrai | Faux |
|---|---|---|
| Tout le monde découvre la savane. | | |
| Taoki vole à la rencontre des lions. | | |
| La drôle de bête est un scorpion. | | |
| Le caméléon se confond avec le baobab. | | |

# Safari dans la savane

## J'entends

**1 Colorie** les dessins quand tu entends **on**.

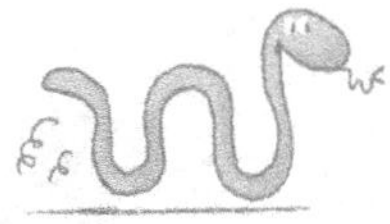

## Je vois

**2 Colorie** tous les **on** que tu vois dans ces phrases.

- Léon le mouton broute tout le gazon.
- Sur le pont d'Avignon, on y danse tous en rond.

## J'écris

**3 Écris** les noms de ces animaux.

un ____________________

un ____________________

le ____________________

## Je comprends l'histoire de Taoki

**4 Complète** le texte avec les mots de l'histoire.

Tout le ____________________ découvre la ____________________.

Lili et Hamidou filment le ____________________.

Hugo et ses ____________________ se passionnent pour les ____________________.

Taoki vole à la ____________________ d'une drôle de bête.

C'est un ____________________ qui se confond avec le ____________________.

Date : ______________________________ Manuel pages 80-81 (A)

# Un chaton sur la route

## J'entends

**1** **Coche** la case quand tu entends le son demandé.

**an**

**in**

**on**

## Je vois

**2** **Colorie** toutes les cases où tu vois **am, em, im** et **om**.

| | | | | |
|---|---|---|---|---|
| chambre | plombier | viande | main | chanson |
| pain | temps | jambon | pompe | compte |
| lampe | danse | simple | ventre | poumon |

## J'écris

**3** **Entoure** la bonne écriture de chaque mot.

une lanpe
une lampe

une colombe
une colonbe

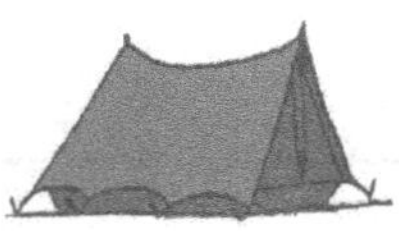

une tente
une temte

un tinbre
un timbre

## Je comprends l'histoire de Taoki

**4** **Relie** le début et la fin de chaque phrase.

| | |
|---|---|
| Hugo, Lili et Taoki sont avec • | • un chaton. |
| Ils pédalent • | • dans son polo. |
| Samira découvre • | • sur les chemins. |
| Taoki l'emmitoufle • | • leur copine Samira. |

Date : ______________________ Manuel pages 80-81 (B)

# Un chaton sur la route

## J'entends et je vois

**1** **Lis** les mots et **relie** pour savoir si tu entends ou pas le son.

| | | | |
|---|---|---|---|
| cheminée • | • en • | • caméra |
| température • | • en • | • rampe |
| timbre • | • in • | • simple |
| kimono • | • in • | • rime |
| pomme • | • on • | • comprimé |
| commande • | • on • | • bombe |

## J'écris

**3** **Complète** les phrases avec un mot qui contient **am, em, im** ou **om.**

- Quand la nuit tombe, c'est obscur, c'est s _ _ _ _ _ .
- Quand le vent souffle fort, c'est la t _ _ _ _ _ _ _ .
- La salle où on dort, c'est la c _ _ _ _ _ _ _ .

## Je comprends l'histoire de Taoki

**3** **Réponds** à chaque question par une phrase.

- Qui se balade à vélo ?

- Qui s'occupera du chaton ?

# Un toit pour le chaton

## J'entends

**1 Entoure** les dessins quand tu entends **oi**.

## Je vois

**2 Colorie** toutes les cases où tu vois **oi**.

| | | | | |
|---|---|---|---|---|
| lion | arrosoir | chiot | champion | poussin |
| armoire | bison | babouin | coiffé | chinois |

## J'écris

**3 Remets** les syllabes **dans l'ordre** pour **écrire** les mots.

ti – hé – re – ar – sson – roir – ri – moi

 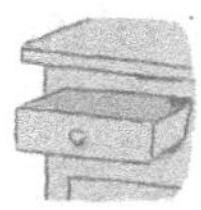 

une ____________ | un ____________ | le ____________

## J'observe la langue

**4 Entoure** qui fait l'action dans chaque phrase.

- Taoki s'occupe du chaton.
- Le chaton dort sur le canapé.

## Je comprends l'histoire de Taoki

**5 Entoure** les dessins qui correspondent à l'histoire.

Date : ______________________  Manuel pages 82-83 (B)

# Un toit pour le chaton

## J'entends

**1** **Relie** chaque dessin à que tu entends.

[entends] oi   [n'entends pas] oi

## Je vois

**2** **Entoure** dans chaque bulle la syllabe que les mots ont en commun.

| | | |
|---|---|---|
| un poisson<br>une poire<br>la poignée | la mémoire<br>une moisson<br>un grimoire | un pouvoir<br>un lavoir<br>prévoir |

## J'écris

**3** **Sépare** les mots, puis **recopie** la phrase.

- LechatonseblottitcontrelapoitrinedeTaoki.

## J'observe la langue

**4** **Réponds** à la question pour dire qui fait l'action.

- Taoki joue dans le salon. → Qui joue ?

## Je comprends l'histoire de Taoki

**5** **Écris** une phrase pour répondre à la question.

- Qui est assis avec le chaton ?

Date : ______________________ Manuel pages 84-85 (A)

# Révisions

## J'entends

**1** **Entoure** le son que tu entends dans chaque mot.

br dr

br dr

pl fl

pl fl

**2** **Relie** les dessins au son que tu entends.

   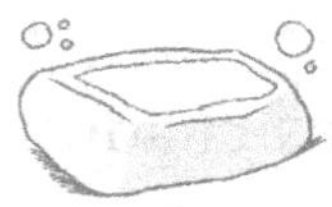 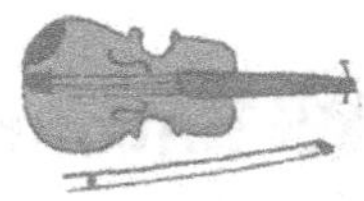

oi on in

## Je vois et j'écris

**3** **Recopie** les mots dans la bonne colonne.

il tombe – un homme – un timbre – elle ramène – le temps

| im, om, am, em et in, on, an | im, om, am, em et in, on, an |
|---|---|
| | |

## J'observe la langue

**4** **Lis** la phrase et **coche** pour répondre aux questions.

Taoki danse dans la nuit avec Hamidou.

Quel est le mot qui décrit l'action ? ☐ Taoki ☐ la nuit ☐ danse

Qui fait l'action ? ☐ Taoki ☐ Hamidou ☐ la nuit

## Je comprends l'histoire de Taoki

**5** **Relie** chaque phrase au personnage qui correspond.

Il est infatigable. • • le chaton

C'est une drôle de bête. • • Taoki

Il a mal à la patte. • • le caméléon

# Révisions

## J'entends

**1 Relie** les mots qui contiennent la même syllabe.

## Je vois

**2 Entoure** dans chaque bulle la syllabe que les mots ont en commun.

| | | |
|---|---|---|
| le matin<br>un tintamarre<br>un lutin | un ourson<br>un pinson<br>insondable | moitié<br>l'émoi<br>la demoiselle |

## J'écris

**3 Complète** avec la bonne écriture.

- **on** ou **oi** du p___vre – un chat___ – une t___ture
- **in** ou **im** un t___bre – un câl___ – s___plement
- **on** ou **om** une ___bre – une p___pe – t___dre

## J'observe la langue

**4 Entoure** tous les verbes, les mots des actions.

Sur les chemins, Taoki et ses amis font du vélo. Ils pédalent entre les champs. Ils s'arrêtent tout à coup. Taoki s'occupe du petit chat.

## Je comprends l'histoire de Taoki

**5 Coche** les phrases qui sont dans l'histoire de Taoki.

- ☐ Taoki part au Mali avec Hugo et Lili.
- ☐ Taoki est infatigable pendant la fête.
- ☐ Tout le monde part pour la savane.
- ☐ Les antilopes sont de drôles de bêtes.
- ☐ Le chiot a mal à la patte.

Date : ____________________

Manuel pages 86-87 (A)

# Lecture

# La grosse faim de P'tit Bonhomme

**1** **Relie** les mots selon leur ordre d'apparition dans l'histoire.

| une ville | P'tit Bonhomme | une maison | un lit |
|---|---|---|---|

| une chambre | une rue | un ventre |
|---|---|---|

**2** **Remets** les lettres **dans l'ordre** pour **écrire** les mots.

le ____________

le ____________

l'____________

**3** **Réponds** à ces questions par une phrase.

- À quel moment de la journée se passe cette histoire ?

- Où commence cette histoire ?

- Qu'arrive-t-il à P'tit Bonhomme ?

# Lecture

# La grosse faim de P'tit Bonhomme

**1** **Colorie** de la même couleur les phrases de même sens.
Attention ! il y a des intrus.

| | |
|---|---|
| Il sort de son pyjama. | Il enfile son pyjama. |
| Il rentre dans ses habits. | Il enlève son pyjama. |
| Il enlève ses habits. | Il n'y a rien dans l'armoire. |
| L'armoire est vide. | Il enfile ses habits. |

**2** **Entoure** le bon résumé de l'histoire.

- Depuis que P'tit Bonhomme est debout, son ventre crie famine. Hélas, il n'a pas de repas, les placards et les tiroirs sont vides…
- Le ventre de P'tit Bonhomme crie famine… Il ouvre le placard : il y a des tomates et une tarte à la banane.

**3** Que ferais-tu si tu avais très faim et que tout était vide ?
**Écris** une ou deux phrases.

Date : ______________________ Manuel pages 88-89 Ⓐ

# Un chaton à la maison

## J'entends

**1** **Entoure** le dessin quand tu entends la syllabe indiquée.

**croi**  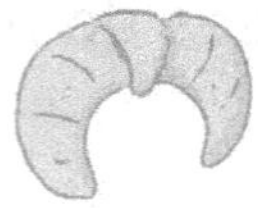

**brou**  

**frai** 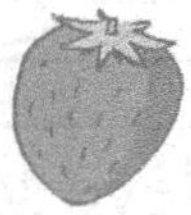 

**trom**  

## Je vois

**2** **Colorie tr** en rouge, **gr** en bleu, **pr** en vert et **fr** en jaune.

| | | | | |
|---|---|---|---|---|
| trompe | grand | proie | printemps | froid |
| grimpé | frange | regroupe | safran | trempé |

## J'écris

**3** **Remets** les syllabes **dans l'ordre** pour **écrire** les mots.

sse – pon – bran – trou – che – cram

une ______________

une ______________

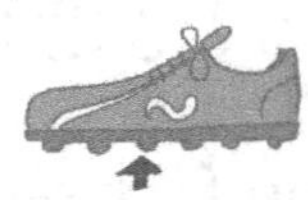

des ______________s

## Je comprends l'histoire de Taoki

**4** **Complète** le texte avec les mots.

branche – tronc – jardin – trois

Depuis ______________ jours, le chaton va bien. Il se promène dans le ______________.

Puis il grimpe sur le ______________ de l'arbre.

Taoki s'envole et s'assoit sur une ______________ près de lui.

Date : ____________________ Manuel pages 88-89 B

# Un chaton à la maison

## J'entends

**1 Relie** les dessins qui ont la même syllabe.

• • •

• • •

 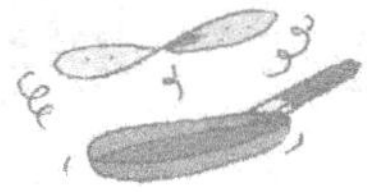 

## Je vois

**2 Entoure** tous les **bran**, **gran**, **prin**, **trin** que tu vois dans les phrases.

- Le prince est dans le pétrin, il brandit sa grande épée.
- Au printemps, on ne coupe pas les branches.

## J'écris

**3** Devinette.

- Je suis un légume vert, jaune ou rouge : le _ _ _ _ _ _ _ _ .
- Tu y ranges tes stylos et ta gomme : la _ _ _ _ _ _ _ _ .
- J'en ai quand je suis triste : du _ _ _ _ _ _ _ _ .

## Je comprends l'histoire de Taoki

**4 Numérote** les phrases dans l'ordre de l'histoire.

- ..... Hugo s'occupera de lui maintenant.
- ..... Le chaton va bien depuis trois jours.
- ..... Taoki s'assoit sur une branche près de lui.
- ..... Il grimpe sur le tronc de l'arbre.

Date : ______________________ Manuel pages 90-91 Ⓐ

# Prêts pour les pistes !

## J'entends

**1** **Relie** chaque dessin à la syllabe que tu entends.

• blan • plin • plan • plon • glan

## Je vois

**2** **Colorie** tous les mots où tu vois **pl** en rouge, **fl** en bleu, **bl** en vert et **gl** en jaune.

| | | | | |
|---|---|---|---|---|
| glouton | blindé | tremplin | flou | blouson |
| flan | gloire | blonde | plombier | gland |

## J'écris

**3** Devinette.

- On me plante avec un marteau : le _ _ _ _ .
- Je suis une carte de la ville, avec le nom des rues : le _ _ _ _ .
- Je suis le contraire de noir : c'est le _ _ _ _ c.

## Je comprends l'histoire de Taoki

**4** **Coche** la bonne case.

| | Vrai | Faux |
|---|---|---|
| Les pistes sont blanches. | | |
| Lili, Hugo et Taoki se plantent dans les pistes. | | |
| Les vêtements ne sont pas pour les dragons. | | |
| Hugo est ridicule. | | |
| Les clients gloussent de rire. | | |

Date : ____________________ Manuel pages 90-91 (B)

# Prêts pour les pistes !

## J'entends

**1 Colorie** dans chaque ligne les deux dessins qui ont la même syllabe.

## Je vois

**2 Entoure** tous les **flan, blan, plan, glou, plin** que tu vois dans les phrases.

- Un glouton s'est planté devant le tremplin.
- Blanche glousse de joie et avale son flan.

## J'écris

**3 Remets** les mots **dans l'ordre** pour **écrire** une phrase.

avoir – enfile – pantalon – Hugo – froid. – son – ne – pour – pas

## Je comprends l'histoire de Taoki

**4 Entoure** les mots qui correspondent à l'histoire.

- Lili, Hugo et Taoki se < plantent / rentrent > devant les < tables. / miroirs. >
- Ils sont les < dragons / champions > de la < mode. / ronde. >
- Les < problèmes / vêtements > ne sont pas prévus pour les < dragons. / croûtons. >

# Quel saut !

## J'entends

**1 Colorie** le dessin quand tu entends la syllabe demandée.

**pau**

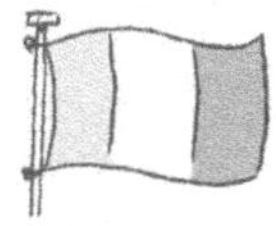

**tau**

## Je vois

**2 Colorie** les cases contenant les mots suivants.

JAUNE GAUFRE
AUTRE AUTRUCHE
HAUT

| | | | | | | | | |
|---|---|---|---|---|---|---|---|---|
| A | U | T | R | U | C | H | E | J |
| M | G | A | U | T | R | E | C | A |
| A | T | G | A | U | F | R | E | U |
| L | R | U | M | H | A | U | T | N |
| T | E | L | O | I | T | V | P | E |

## J'écris

**3 Remets** les syllabes **dans l'ordre** pour **écrire** des mots.

le – pe – ssu – é – tau – pau – re – chau

l' ____________

la ____________

la ____________

## Je comprends l'histoire de Taoki

**4 Coche** la bonne case.

| | Vrai | Faux |
|---|---|---|
| Taoki adore les bosses. | | |
| Taoki décolle au-dessus de la bosse. | | |
| Il retombe comme un flan. | | |
| Taoki égare ses deux chaussures. | | |

# Quel saut !

## J'entends

**1 Relie** les dessins qui ont la même syllabe.

 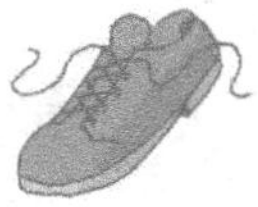  

## Je vois

**2 Colorie** les mots quand tu vois **au**.

| | | | | |
|---|---|---|---|---|
| taupe | allure | pansement | jaune | talus |
| tante | faute | chauffé | renard | chevaux |
| gaufre | épaule | préau | côté | jaloux |

## J'écris

**3 Écris** les mots sous les dessins.

- (o) s'écrit **o**

un ____________________

un ____________________

- (o) s'écrit **au**

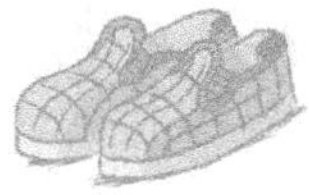

des __________________ s

une ____________________

## Je comprends l'histoire de Taoki

**4 Écris** une phrase pour répondre aux questions.

- Qui adore les bosses ?

- Comment retombe Taoki ?

Date : ______________________________ Manuel pages 94-95 (A)

# Au sommet !

## J'entends

**1** **Colorie** le dessin quand tu entends **è**.

## Je vois

**3** **Recopie** les mots dans la bonne colonne.

un aigle – le chêne – un carnet – une madeleine – un trait –
la rivière – la peine – du poulet

| ai | ei | et | è ou ê |
|---|---|---|---|
| | | | |

## J'écris

**3** **Remets** les syllabes **dans l'ordre** pour **écrire** les mots.

ne – ne – lei – rei – nnet – ba – bo

le ______________

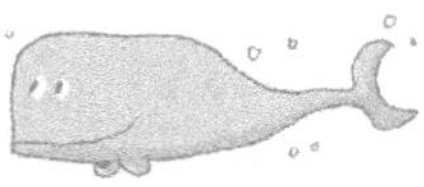

la ______________

une ______________

## Je comprends l'histoire de Taoki

**4** **Relie** chaque personnage à son action.

Taoki •
Lili •
Hugo •

• compte treize chamois.
• voit le nid sur la roche.
• découvre les aiglons.
• donnait le rythme de la marche.

Date : ________________________________ Manuel pages 94-95 (B)

# Au sommet !

## J'entends

**1** **Relie** les dessins dans lesquels tu entends la même syllabe.

  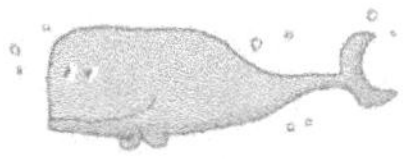 

## Je vois

**2** **Colorie** toutes les cases où tu vois les différentes écritures de **è**.

| | | | | | |
|---|---|---|---|---|---|
| aimant | valse | lait | crayon | amande | PRALINE |
| calme | rapide | CÂLIN | dégaine | NEIGE | craie |

**3** Dans chaque bulle, **entoure** la syllabe que les mots ont en commun.

traiter
la retraite
distrait

le couplet
simplet
complet

veinard
la veine
veineux

## J'écris

**4** Devinettes.

- **avec ai** On me trace avec la règle : un _ _ _ _ t.
- **avec ei** Je suis le fleuve qui passe à Paris : la _ _ _ _ _ .
- **avec et** On m'écrit dessus : un _ _ _ _ _ _ .

## Je comprends l'histoire de Taoki

**5** **Complète** avec des mots de l'histoire.

Les pentes sont raides vers les ______________.

Maintenant, ils sont tous installés devant le ______________.

Lili voit des ______________, ils sont ______________.

Elle voit aussi un ______________.

Date : ____________________ Manuel pages 96-97 (A)

# Il était une fois...

## J'entends

❶ **Coche** la case quand tu entends le son é.

## Je vois et j'écris

❷ **Recopie** les mots dans la bonne colonne.

louer – le père – un prunier – la mer

| er et é (on entend) | er et é (on n'entend pas) |
| --- | --- |
| | |

## J'observe la langue

❸ **Colorie** uniquement les cases des verbes à l'infinitif.

| | | | | |
| --- | --- | --- | --- | --- |
| je marche | chanter | parler | il parle | nous chantons |
| courir | elle court | marcher | tenir | tu tiens |

## Je comprends l'histoire de Taoki

❹ **Coche** la bonne case.

| | Vrai | Faux |
| --- | --- | --- |
| Hugo raconte une histoire. | | |
| Le chaperon violet est un petit dragon. | | |
| Le chaperon violet va voir sa grand-mère. | | |

Date : ____________________

Manuel pages 96-97 (B)

# Il était une fois...

## J'entends

❶ **Colorie** les mots quand tu entends **é**.

## Je vois et j'écris

❷ **Écris** les mots dans la bonne colonne.

un goûter – chez – un palmier – un élément – le nez – un rocher – une clé – une poupée – vous tricotez

| é | er | ez |
|---|---|---|
| | | |
| | | |
| | | |

## J'écris

❸ **Complète** les listes avec des mots en **er**.

- des noms de métiers : le pâtissier – ____________________
- des noms d'arbres : le prunier – ____________________

## J'observe la langue

❹ **Entoure** uniquement les verbes à l'infinitif.

le boucher – boucher – je bouche – marcher – la marche – je marche

## Je comprends l'histoire de Taoki

❺ **Barre** les mots qui ne sont pas dans l'histoire.

le panier – le gâteau – une tarte – un pot de crème – sa grand-mère – des pommiers – le loup – les buissons – des sapins

Date : ____________________ Manuel pages 98-99 (A)

# Révisions

## J'entends

**1** **Relie** chaque dessin au son que tu entends.

au ai er

## Je vois

**2** **Barre** l'intrus dans chaque ligne.

- planche – replante – pantalon – plantation
- citron – thon – tronc – tronçonneuse
- grandir – migrant – agrandissement – gant

## J'écris

**3** **Remets** les syllabes **dans l'ordre** pour **écrire** les mots.

tai – fon – ne

la ____________

tru – au – che

l' ____________

ni – er – jar – di

le ____________

## J'observe la langue

**4** **Entoure** les verbes à l'infinitif.

bronzer il raconte nous bronzons raconter j'installe rigoler

## Je comprends l'histoire de Taoki

**5** **Relie** chaque phrase au personnage qui correspond.

Il est ridicule dans ses vêtements contre le froid. •

Il adore les bosses. • • Hugo

Il donne le rythme de la marche. • • Taoki

Il raconte un conte de chez lui. •

# Révisions

## J'entends

**1 Colorie** les dessins de la bonne couleur quand tu entends le son.

en bleu **tr** en vert **cr** en rouge **bl**

 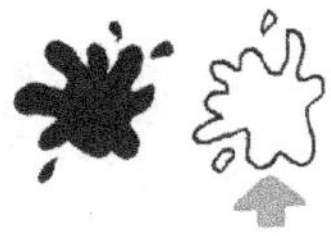 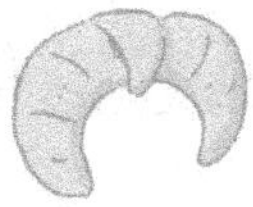 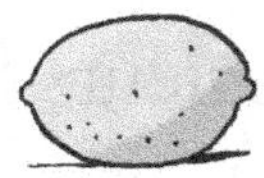 

## Je vois

**2** Dans chaque bulle, **entoure** la syllabe que les mots ont en commun.

| | | |
|---|---|---|
| animaux<br>mauve<br>guimauve | maison<br>semaine<br>mairie | choucroute<br>écrou<br>accroupi |

## J'écris

**3 Remets** les mots **dans l'ordre** pour **écrire** une phrase.

*monde – sommets. – se – le – les – promène – vers – Tout*

## J'observe la langue

**4 Entoure** les verbes à l'infinitif.

le bronze – bronzer – il bronze – le panier – le goûter – goûter – inventer

## Je comprends l'histoire de Taoki

**5 Complète** avec des mots de l'histoire.

Dans les Alpes, les amis profitent des pistes ______________.
Lili, Hugo et Taoki ont enfilé les ______________ indispensables
contre le ______________. Lors des promenades vers
les ______________, Taoki est toujours le ______________.
Le soir, il raconte des ______________ de chez lui.

Date : ________________________________ Manuel pages 100-101 (A)

## Lecture

# Il était plusieurs fois une forêt

**1** **Coche** la bonne réponse.

- Le titre de l'album :
  - ☐ Il est plusieurs fois dans une forêt
  - ☐ Il était plusieurs fois dans un pré
  - ☐ Il était plusieurs fois une forêt
  - ☐ Il était plusieurs pois dans une forêt
- L'auteur de l'histoire :
  - ☐ Élise Géhin ☐ Élisabeth Géhin ☐ Élisa Géhin
- Les oiseaux portent :
  - ☐ des épées ☐ des diadèmes ☐ des bagues ☐ des couronnes

**2** **Barre** les personnages qui ne sont pas dans l'histoire.

**3** **Écris** une phrase pour répondre à chaque question.

- Que portent tous les oiseaux ?

- Pourquoi les oiseaux s'écartent-ils de l'autre oiseau ?

Date : ______________________ 

# Lecture

## Il était plusieurs fois une forêt

**1 Colorie** de la même couleur les phrases de même sens.

| | |
|---|---|
| Les oiseaux s'écartent de lui. | Les oiseaux ne le remarquent plus. |
| L'oiseau va où il veut. | Les oiseaux le mettent de côté. |
| L'oiseau passe inaperçu. | Il peut aller et venir à sa guise. |

**2 Relie** chaque devinette à l'animal de la forêt qui lui correspond.

| | |
|---|---|
| Je suis roux et rusé. • | • un serpent |
| Je n'ai pas de pattes. • | • un renard |
| Je me roule en boule quand j'ai peur. • | • un lapin |
| J'ai deux grandes oreilles. • | • un hibou |
| J'ai des plumes et je chasse la nuit. • | • un hérisson |

**3 Écris** une devinette pour chaque animal.

- un ours

- une fourmi

Date : ______________________________ Manuel pages 102-103 (A)

# Deux dragons dans la ville

## J'entends

**1** **Colorie** toutes les cases où tu entends **C** pour aider Lili à rejoindre Taoki.

## Je vois et j'écris

**2** **Recopie** les mots dans la bonne colonne.

*une équipe – le koala – l'écho – la panique – le judoka – l'orchidée – un chronomètre – un kilt – un paquet*

| q et k | ch et k | k et k |
| --- | --- | --- |
| | | |

## Je comprends l'histoire de Taoki

**3** **Barre** ce qui n'est pas dans le texte de l'histoire.

q k ch
q k ch

Date : ______________________ Manuel pages 102-103 (B)

# Deux dragons dans la ville

## J'entends

**1** **Entoure** l'intrus dans chaque ligne.

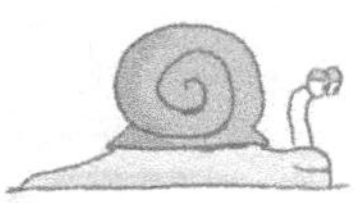  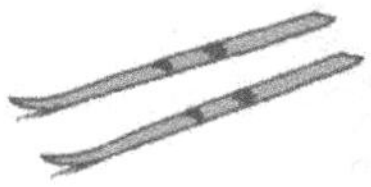  

  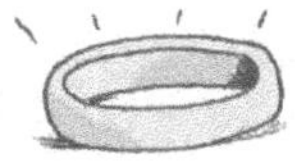  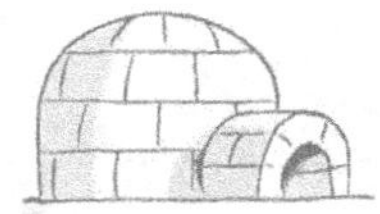

## Je vois

**2** **Entoure** les mots dans lesquels **ch** ne fait pas **k**.

une chorale – un chou – Christine – un chronomètre – un pichet – l'écho – un orchestre – un manchot – une charade – un psychologue

## J'écris

**3** **Remets** les lettres **dans l'ordre** pour **écrire** les mots.

| a–k–l–o–a | z–n–i–q–e–u | e–q–r–n–i–u |
| --- | --- | --- |
| un ______ | ______ | un ______ |

## Je comprends l'histoire de Taoki

**4** **Barre** les mots qui ne sont pas dans l'histoire. **Écris** les bons mots.

Les enfants rencontrent Kam. « Venez vite boire le défilé ! »

La petite trompe découvre des hommes en kimono qui portent des casques.

Soudain, un énorme édredon se dandine dans le parc.

# De gros yeux dans la nuit

## J'entends

**1** **Relie** chaque dessin au son que tu entends.

 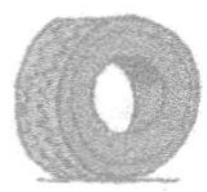  

**eu** **e**

## Je vois

**2** **Lis** les mots et **colorie** toutes les cases où tu entends **eu**.

| | | | | | |
|---|---|---|---|---|---|
| voulue | lieu | vieux | euro | cruel | peu |
| glue | creux | boue | avenue | bleu | mieux |

## J'écris

**3** **Remets** les syllabes **dans l'ordre** pour **écrire** les mots.

seurs – teur – di – veux – or – dan – che – na

les ______________

un ______________

les ______________

## Je comprends l'histoire de Taoki

**4** **Relie** chaque phrase au personnage qui correspond.

Il s'est perdu. •
Il a des gros yeux. •
Il est énorme. •
Il a eu très peur. •

• Taoki
• le dragon

# De gros yeux dans la nuit

## J'entends

**1** **Coche** la case quand tu entends **eu** ou **e**.

## Je vois

**2** **Colorie** la case en vert quand **eu** fait **eu** et en bleu quand **eu** fait **e**.

| | | | | | |
|---|---|---|---|---|---|
| un feutre | une heure | heureux | les pleurs | un voleur | un peu |
| il veut | adieu | mieux | jeudi | le majeur | neuf |

## J'écris

**3** Devinette.

- Je suis pondu par la poule. Je suis un _ _ _ _ .
- Je suis juste après le huit. Je suis le _ _ _ _ .
- Je suis avant vendredi. Je suis _ _ _ _ _ .

## Je comprends l'histoire de Taoki

**4** **Numérote** les phrases dans l'ordre de l'histoire.

..... Il voit enfin Lili.

..... C'est la nuit.

..... Il s'écrie : « Au secours ! »

..... Taoki s'est égaré dans la foule.

# À l'assaut des gratte-ciel !

## J'entends

**1** **Coche** la case quand tu entends **g**.

**2** **Coche** la case quand tu entends **j**.

   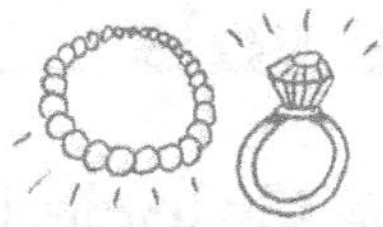

## Je vois et j'écris

**3** **Lis** les mots et **recopie** ceux où le **g** fait **j**.

le genou – un gamin – un pigeon – le manège – la guitare

## J'observe la langue

**4** **Relie** les phrases de sens contraire.

| | |
|---|---|
| Il n'aime pas les chats. • | • Il est heureux. |
| Il n'est pas heureux. • | • Il a chaud. |
| Il n'a pas chaud. • | • Il aime les chats. |

## Je comprends l'histoire de Taoki

**5** **Coche** Vrai ou Faux.

| | Vrai | Faux |
|---|---|---|
| Taoki est à New York. | | |
| La ville est surnommée « la Grosse Poire ». | | |
| Taoki se prend pour un super-héros. | | |

Date : ______________________ Manuel pages 106-107 (B)

# À l'assaut des gratte-ciel !

## J'entends

**1** **Entoure** le dessin quand tu entends la syllabe demandée.

**gue**  

**go**  

**ge** 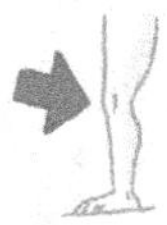 

**gi** 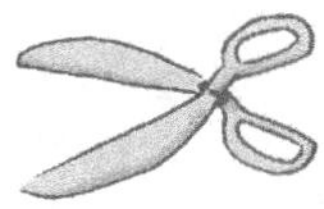 

## Je vois et j'écris

**2** **Lis** les mots et **recopie** ceux où le **g** fait **g**.

le genou – un gamin – un pigeon – le manège – la guitare

## J'observe la langue

**3** **Écris** le contraire de ces phrases.

- Le pigeon mange les graines. → ______________________
- Le lézard grimpe vite. → ______________________
- Elle mange une mangue. → ______________________

## Je comprends l'histoire de Taoki

**4** **Écris** une phrase pour répondre à chaque question.

Que fait Taoki ?

Pour qui se prend-il ?

Par quoi Lili et Hugo sont-ils époustouflés ?

Date : ____________

Manuel pages 108-109 (A)

# La statue de la Liberté

## J'entends

❶ **Entoure** les animaux quand tu entends **in**.

## Je vois et j'écris

❷ **Recopie** uniquement les mots où **ain** fait **in**.

les mains – une manie – un panier – le matin – un Américain – vaincre

❸ **Sépare** les mots pour faire une phrase et **écris**-la.

Moncopainaméricainarrivelundiprochain.

## Je comprends l'histoire de Taoki

❹ **Coche** pour indiquer si ces phrases sur la statue de la Liberté sont vraies ou fausses.

- Elle est à New York ☐ Vrai ☐ Faux
- Demain, elle sera démolie. ☐ Vrai ☐ Faux
- C'est une immense statue. ☐ Vrai ☐ Faux
- Elle a une fausse flamme à la main. ☐ Vrai ☐ Faux

Date : ____________________ Manuel pages 108-109 (B)

# La statue de la Liberté

## J'entends

**1** **Relie** les dessins quand tu entends la même syllabe.

## Je vois et j'écris

**2** **Entoure** le mot contenant **ain** dans chaque phrase et **recopie**-le dans la grille.

1. J'ai 2 mains.
2. Demain, il pleuvra.
3. Il a vaincu le dragon.
4. C'est le drapeau américain.

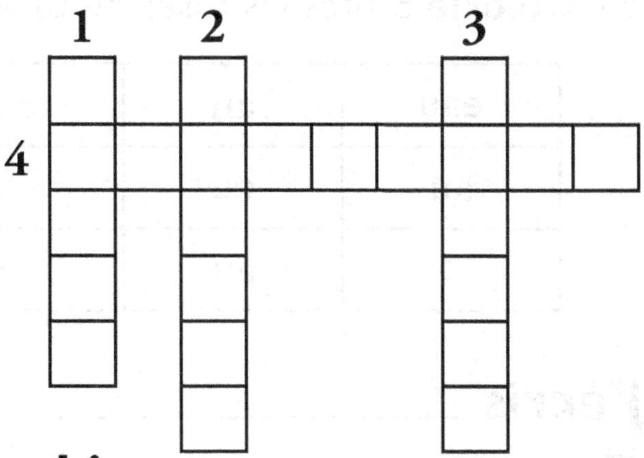


## Je comprends l'histoire de Taoki

**3** **Barre** les mots qui ne sont pas dans l'histoire. Écris les bons mots.

Le lendemain soir, les trois animaux partent voir la grande île.

C'est l'un des monuments les plus connus en Europe.

« J'irai voir sa copie à la Réunion, dit Hugo. »

Taoki imite la statue, une fausse chevelure à la main.

Date : ____________________ Manuel pages 110-111 (A)

# Quel rodéo !

## J'entends

**1 Barre** l'intrus dans chaque ligne.

## Je vois

**2 Colorie** toutes les cases où tu vois les écritures de **O**.

| | | | | | |
|---|---|---|---|---|---|
| eau | an | eau | au | on | EAU |
| au | eu | AU | an | OU | o |
| o | au | o | ai | oi | AU |

## J'écris

**3 Complète** ces devinettes avec les mots suivants.

bateau – château – veau – drapeau

- C'est le petit de la vache : le _ _ _ _ .
- Il navigue sur l'eau : le _ _ _ _ _ _ .
- Le nôtre est bleu, blanc et rouge : le _ _ _ _ _ _ _ _ .
- C'est la demeure du roi : le _ _ _ _ _ _ _ _ .

## Je comprends l'histoire de Taoki

**4 Relie** chaque question à sa réponse.

|  |  |
|---|---|
| Qui a un polo à carreaux ? • | • C'est le propriétaire du ranch. |
| Qui est Jack ? • | • Ils boivent dans un tonneau. |
| Dans quoi boivent les chevaux ? • | • C'est Taoki. |

Date : ______________________________ Manuel pages 110-111 B

# Quel rodéo !

## J'entends

**1 Relie** les dessins quand tu entends la même syllabe.

## Je vois

**2 Entoure** le mot quand tu vois son dessin.

un bureau – un drapeau – un chameau – un corbeau – un château
un marteau – un chapeau – un tableau – un bateau – un taureau

## J'écris

**3** Devinettes.

- C'est le petit de la vache : le _ _ _ _ .
- Il navigue sur l'eau : le _ _ _ _ _ _ .
- Le nôtre est bleu, blanc et rouge : le _ _ _ _ _ _ _ .
- C'est la demeure du roi : le _ _ _ _ _ _ _ .

## Je comprends l'histoire de Taoki

**4 Numérote** les phrases dans l'ordre de l'histoire.

..... Tout à coup, Hugo saute sur le dos de Tornado.

..... Jack fait découvrir le ranch à nos amis.

..... C'est parti pour un rodéo !

..... Réunis autour de l'enclos, ils admirent les chevaux.

# Retour à l'écurie

## J'entends

**1** **Entoure** les dessins quand tu entends **oin**.

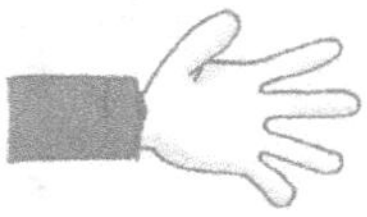

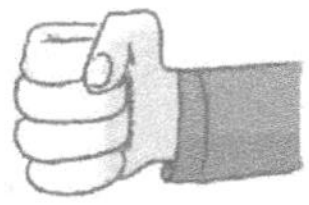

## Je vois

**2** Dans chaque ligne, **entoure** la syllabe que les mots ont en commun.

- une pointe – l'embonpoint – pointu – un rond-point – une pointure
- un adjoint – joindre – la jointure – un conjoint – rejoindre

## J'écris

**3** **Sépare** les mots et **écris**-les.

unepointelegroinunpoing

______________ ______________ ______________

## Je comprends l'histoire de Taoki

**4** **Relie** chaque question à sa réponse.

| | |
|---|---|
| Taoki brosse Tornado • | • font le tour du ranch. |
| L'orge et l'avoine • | • pour être tranquille. |
| Taoki dort dans un coin • | • pour le faire beau. |
| Lili et Jack • | • nourrissent les chevaux. |

Date : ____________________ Manuel pages 112-113 (B)

# Retour à l'écurie

## J'entends

❶ **Relie** chaque dessin au son que tu entends.

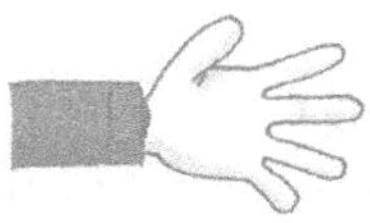

• oin • in

## Je vois

❷ **Entoure** d'une même couleur les mêmes syllabes.

une pointe – un recoin – un joint – pointu – un adjoint – un coin – un coing – l'embonpoint – la pointure – la jointure – rejoindre

## J'écris

❸ **Recopie** tous les mots avec **oin** que tu vois dans cette grille.

| | | | | | | | | |
|---|---|---|---|---|---|---|---|---|
| F | O | I | N | J | O | I | N | T |
| A | S | O | I | N | C | B | P | É |
| G | O | I | N | F | R | E | O | M |
| I | E | M | O | I | N | S | I | O |
| L | O | I | N | G | D | P | N | I |
| P | O | I | N | T | U | L | T | N |

## Je comprends l'histoire de Taoki

❹ **Écris** une phrase pour répondre aux questions.

• Que fait Lili après le rodéo ?

• Pourquoi Taoki brosse-t-il Tornado ?

# Révisions

## J'entends

❶ **Relie** chaque animal au son que tu entends.

c      o

## Je vois

❷ **Entoure** les différentes écritures de **o**.

eau – o – au – an – oi – o – au – an – eau – oi – ai – au – eau – o – a

❸ **Entoure** les différentes écritures de **in**.

ain – ein – in – aim – ein – ai -in – ain – ai – in – ei – ein – mai – un

## J'écris

❹ **Remets** les lettres **dans l'ordre** pour **écrire** les mots outils.

## J'observe la langue

❺ **Entoure** les 2 mots qui servent à dire le contraire.

- Les guêpes ne sont pas attirées par le pain.

## Je comprends l'histoire de Taoki

❻ **Relie** chaque phrase au personnage qui convient.

Il a mis un polo à carreaux. •      • Taoki

Il se fait brosser. •

Hugo le lave. •      • Tornado

Date : ______________________________ Manuel pages 114-115 (B)

# Révisions

## J'entends

**1** **Colorie** tous les sons que tu entends dans chaque dessin.

 oin in p t |  m n k g

 in n m eu | 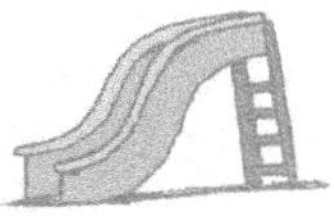 an on g k

## Je vois

**2** **Entoure** en bleu les lettres qui font **o** et en vert les lettres qui font **in**.

un koala – un chameau – demain – la faim – la fin – la gauche – un – le landau – la peau – un peintre – un veau – un lapin – plein

**Complète**. Le son **o** peut s'écrire : ______ ______ ______

**Complète**. Le son **in** peut s'écrire : ______ ______ ______ ______

## J'écris

**3** **Complète** ces phrases avec les mots outils suivants.

*certains – après – mieux*

- Hugo rencontre Tornado ______ avoir vu la statue de la Liberté.
- Il vaut ______ tenir les rênes du cheval.
- ______ chevaux ne veulent pas être montés.

## J'observe la langue

**4** **Écris** ces phrases à la forme négative.

- Paul est un goinfre. → ______________________
- Mon chapeau est neuf. → ______________________

## Je comprends l'histoire de Taoki

**5** **Relie** chaque phrase au personnage qui convient.

Elle fait voir à ses amis le défilé chinois. • • Tornado

Taoki lui rafraichit les pattes. • • Jack

Il montre le ranch à Lili. • • Kim

Date : ____________________ Manuel pages 116-119 (A)

# Lecture

## La tarte au chocolat

**1** **Coche** la bonne réponse à chaque question.

- De quel type de texte s'agit-il ?
  - ☐ un poème
  - ☐ une recette de cuisine
  - ☐ une liste
  - ☐ une lettre
- De quel dessert s'agit-il ?
  - ☐ un gâteau au chocolat
  - ☐ une tarte à la crème
  - ☐ une tarte au chocolat
  - ☐ une mousse au chocolat
- De combien d'ingrédients a-t-on besoin ?
  - ☐ 3 ☐ 5 ☐ 7 ☐ 9
- Combien d'étapes sont nécessaires pour faire ce dessert ?
  - ☐ 6 ☐ 7 ☐ 8 ☐ 10

**2** **Entoure** les ustensiles dont tu as besoin pour la recette.

**3** **Entoure** la bonne réponse.

- **une pâte :** sablée salée carrée
- **du chocolat :** blanc noir au lait
- **du sucre :** en cubes en poudre roux

# Lecture

## La tarte au chocolat

**1** **Colorie** les ingrédients nécessaire pour faire la tarte au chocolat.

| | | |
|---|---|---|
| du sucre | de la farine | des œufs |
| du chocolat en poudre | du sucre | du chocolat en carrés |
| une pâte sablée | du beurre | de la crème fraîche |

**2** **Entoure** les ustensiles nécessaires.

| | | | |
|---|---|---|---|
| une casserole | un couteau | un saladier | un four |
| un moule à tarte | un moule à flan | un fouet | un verre |

**3** De quoi parle-t-on ? **Écris** les mots qui correspondent.

- Elle doit cuire pendant 15 minutes. la ______________
- Elle doit chauffer et faire des bulles. la ______________
- On le fait fondre. le ______________

**4** **Coche** Vrai ou Faux dans le tableau.

| | Vrai | Faux |
|---|---|---|
| Il y a 5 étapes dans cette recette. | | |
| C'est une tarte au sucre. | | |
| Le chocolat est en petits carrés. | | |
| La crème fraîche doit bouillir. | | |
| La tarte cuit 20 minutes. | | |

**5** **Relie** chaque nombre à ce qui lui correspond dans la recette.

| | |
|---|---|
| 20 • | • grammes de sucre en poudre |
| 3 • | • œufs |
| 125 • | • minutes |

Date : ____________________ Manuel pages 120-121 (A)

# Arrivée en classe de mer

## J'entends

**1** **Entoure** le dessin quand tu entends **z**.

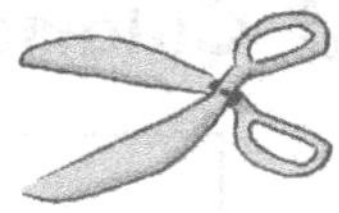
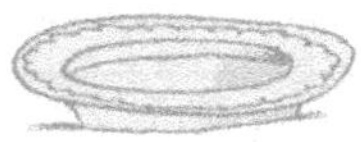
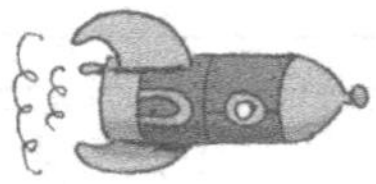

## Je vois

**2** **Entoure** les mots quand la lettre **s** fait **z**.

un visage – une sardine – un massage – une méduse – un stylo – un musée

## J'écris

**3** **Remets** les syllabes **dans l'ordre** pour **écrire** les mots.

*si – li – ne – re – di – cui – va – no – se – sau*

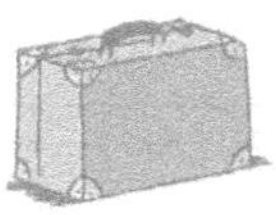
*une* ____________________

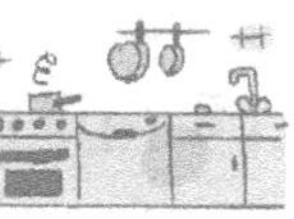
*la* ____________________

*le* ____________________

## J'observe la langue

**4** **Remets** les mots **dans l'ordre** pour **écrire** une question.

*une – pizza – commandé – a – Qui – ?*

## Je comprends l'histoire de Taoki

**5** **Coche** la bonne case.

| | Vrai | Faux |
|---|---|---|
| C'est Lili qui écrit. | | |
| Les valises sont encore dans le car. | | |
| Les enfants sont déjà allés sur la plage. | | |

**S = Z**

Date : ______________________ Manuel pages 120-121 (B)

# Arrivée en classe de mer

## J'entends

**1** **Relie** le mot et le dessin dans lesquels tu entends la même syllabe.

   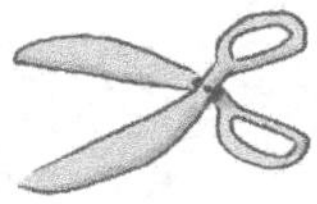

**savon** **sifflet** **rose** **bison**

## Je vois

**2** **Entoure** les mots quand le **s** fait **Z**.

visagesardinepostechosechaisestylomédusemuséeasticotcuisine

## J'écris

**3** **Écris** les mots sous les dessins.

une ______________

une ______________

l' ______________

**4** **Complète** chaque question avec le mot qui manque.

Que – Où – Qui – Pourquoi

- ______________ vas-tu ?
- ______________ le chat miaule-t-il ?
- ______________ a pris mon vélo ?
- ______________ préfères-tu ?

## Je comprends l'histoire de Taoki

**5** **Écris** une phrase pour répondre aux questions.

- Qui écrit cette lettre ?

______________

- À qui cette lettre est-elle adressée ?

______________

ph = f



# Croisière marine

## J'entends

**1 Entoure** le dessin quand tu entends **f**.

   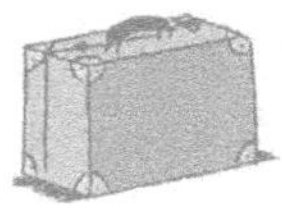

## Je vois

**2 Colorie** toutes les cases où tu vois **ph** pour aider le phoque à rejoindre la mer.

| | | | |
|---|---|---|---|
| archive | théatre | mythe | harpe |
| → phare | touche | vache | philtre → |
| nénuphar | phrase | sachet | alpha |
| menthe | éléphant | orphelin | paragraphe |

## J'écris

**3 Remets** les syllabes **dans l'ordre** pour **écrire** les mots.

| pha-bet-al | lé-é-phant | ne-té-pho-lé |
|---|---|---|
| l' ______ | un ______ | le ______ |

## Je comprends l'histoire de Taoki

**4 Complète** le texte de l'histoire avec les mots suivants.

dauphins – croisière – phare – phoques

Aujourd'hui, les enfants sont partis pour une ______________.

Le bateau a longé le ______________.

Il y avait des ______________ sur des rochers.

Au retour, des ______________ ont suivi le bateau.

Date : ______________________ Manuel pages 122-123 B

# Croisière marine

## J'entends

**1** **Relie** chaque dessin au son que tu entends.

f v

## Je vois

**2** **Entoure** les dessins de la couleur demandée quand tu vois les lettres.

bleu → ch rouge → ph vert → th

un éléphant – un architecte – la géographie – le théatre – la richesse
le rythme – un nénuphar – une pharmacie – la menthe – cache-cache

## J'écris

**3** **Écris** une phrase en utilisant les mots proposés.

- un dauphin – une photographie

- Stéphanie – un téléphone

## Je comprends l'histoire de Taoki

**4** **Complète** le texte avec les mots de l'histoire.

Aujourd'hui, les enfants sont partis pour une ______________.

Le bateau a longé le ______________.

Il y avait des ______________ sur des rochers.

Au retour, des ______________ ont suivi le bateau.

Date : ______________________________ Manuel pages 124-125 (A)

# Concours de sculptures de sable !

## J'entends

**1 Entoure** les mots quand tu entends **S**.

## Je vois

**2 Colorie** toutes les cases où tu vois un **ç**.

| | | | | |
|---|---|---|---|---|
| aperçu | circuit | reçu | précis | façon |
| racine | leçon | ça | français | cirque |

## J'écris

**3** Devinettes.

- On le met sur la brosse à dent. C'est le _ _ _ _ _ _ _ _ _ _ _ .
- On y voit des films sur un grand écran. C'est le _ _ _ _ _ _ _ .
- Il est entre le quatre et le six. C'est le _ _ _ _ .

## Je comprends l'histoire de Taoki

**4 Relie** le début et la fin de chaque phrase.

| | |
|---|---|
| Lili a bien reçu • | • sur la tête de son lion. |
| Elle a mis des algues • | • un très beau drakkar. |
| Taoki a fait • | • dans deux jours. |
| Les enfants rentrent • | • la carte de ses parents. |

Date : ______________________ Manuel pages 124-125 (B)

# Concours de sculptures de sable !

## J'entends

**1** **Coche** la case quand tu entends (S).

□□□

□□□

□□□□

□□□□

## Je vois

**2** **Colorie** les 6 mots cachés dans la grille.

| | | | | | | |
|---|---|---|---|---|---|---|
| C | I | T | R | O | N | C |
| P | P | L | A | C | E | I |
| U | V | O | I | C | I | T |
| C | G | S | O | U | C | I |
| E | R | A | C | I | N | E |

## J'écris

**3** **Remets** les mots **dans l'ordre** pour **écrire** une phrase.

de – français. – apprend – sa – Alice – leçon

## Je comprends l'histoire de Taoki

**4** **Complète** le texte de l'histoire avec les mots suivants.

drakkar – sable – parents – lion – concours – algues – Taoki

Lili écrit à ses ____________. Son maître a organisé un ____________ de sculptures de ____________. Lili a réalisé un ____________ et elle a placé des ____________ sur sa tête. ____________ a sculpté un ____________ viking.

# La pêche à pied

## J'entends

**1 Entoure** les dessins quand tu entends **è**.

## Je vois

**2** Dans chaque colonne, **entoure** la syllabe que les mots ont en commun.

| | | | |
|---|---|---|---|
| une averse | une goutelette | le terminus | le permis |
| un ver | une belette | une citerne | un imperméable |
| un verbe | une calculette | la maternité | un aperçu |

## J'écris

**3 Écris** les mots en **ette** sous les dessins.

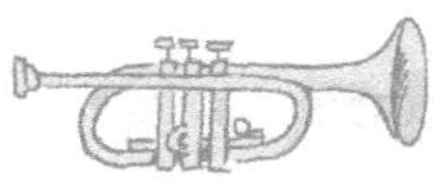
la ______________

une ______________

une ______________

## Je comprends l'histoire de Taoki

**4 Coche** la bonne case.

| | Vrai | Faux |
|---|---|---|
| La pêche à pied se fait à marée basse. | | |
| Il faut des seaux et des épuisettes. | | |
| Sous les rochers, il y avait des homards. | | |
| Hugo s'est fait un bleu au coude. | | |
| Un crabe a pincé Taoki. | | |

Date : ______________________ Manuel pages 126-127 (B)

# La pêche à pied

## J'entends

**1** **Entoure** le dessin quand tu entends **è**.

## Je vois

**2** **Entoure** de la même couleur les mots qui contiennent la même syllabe.

une averse – une tartelette – le terminus – le permis – un aperçu – un ver – une citerne – la maternité – un imperméable – une belette – un verbe

## J'écris

**3** Devinettes.

- Je suis à côté du poivre sur la table. Je suis le _ _ _ .
- Tu m'utilises pour creuser dans le sable. Je suis la _ _ _ _ _ .
- Je suis la couleur de l'herbe. Je suis le _ _ _ _ .
- Je suis la femelle du tigre. Je suis la _ _ _ _ _ _ _ _ _ .
- Je ressemble au hibou. Je suis la _ _ _ _ _ _ _ _ _ .

## Je comprends l'histoire de Taoki

**4** **Écris** une phrase pour répondre aux questions.

- Qu'ont ramassé les enfants ?

- Qui s'est fait un bleu au genou ?

# Un heureux événement

## J'entends

**1 Relie** chaque dessin au son que tu entends.

n gn

## Je vois

**2 Colorie** la case quand tu vois **gn**.

| | | | | | | |
|---|---|---|---|---|---|---|
| trognon | mignon | borgne | bague | songe | soigner | vingt |
| grogner | ligne | tango | linge | langue | insigne | sang |

## J'écris

**3 Remets** les syllabes **dans l'ordre** pour **écrire** les mots.

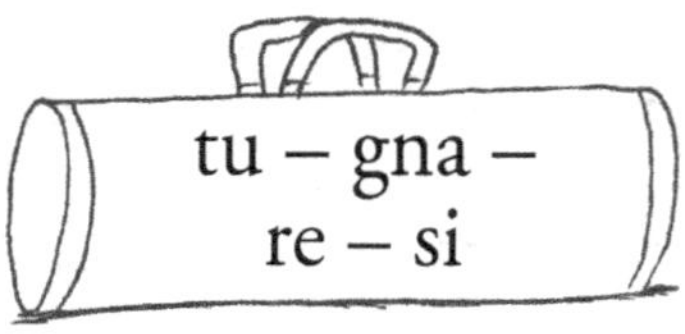


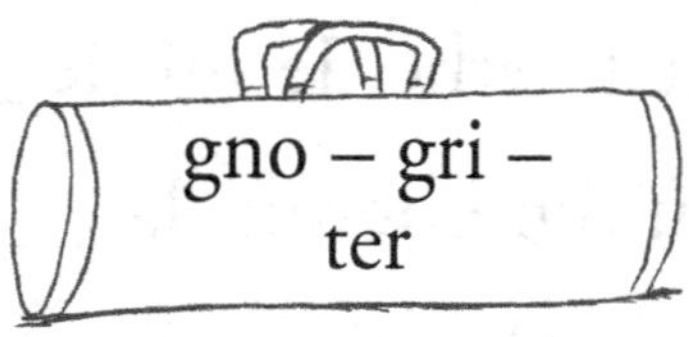


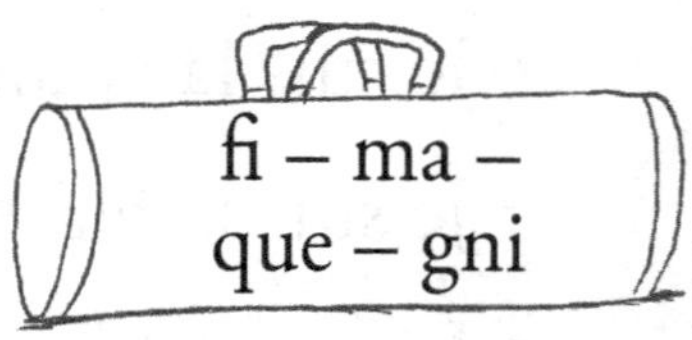


## Je comprends l'histoire de Taoki

**4 Coche** la bonne case.

| | Vrai | Faux |
|---|---|---|
| La sœur de Hugo s'appelle Agnès. | | |
| Hugo est déçu d'avoir une sœur. | | |
| Sur le bracelet, il est écrit « bonjour ». | | |
| Les cheveux d'Agnès sont blonds. | | |

Date : ______________________________ Manuel pages 128-129 B

# Un heureux événement

## J'entends

**1** **Lis** les mots et **recopie**-les dans la bonne colonne.

une guenon – un trognon – la campagne – une énigme –
une aubergine – mignon – une angine – la Bretagne

| gn (j'entends) | gn (je n'entends pas) |
| --- | --- |
| | |

## Je vois

**2** **Entoure** les mots de la couleur demandée quand tu vois les lettres.

bleu → **gna** rouge → **gne** vert → **gno**

la ligne – ignoble – le signal – ignorant – ignare – l'épargne –
le vigneron – grignoter – un accompagnateur – un clignotant – le règne

## J'écris

**3** **Écris** une phrase en utilisant les mots proposés.

champignon – oignon

## Je comprends l'histoire de Taoki

**4** **Écris** une phrase pour répondre aux questions.

- Comment s'appelle la petite sœur de Hugo ?

- Pourquoi Hugo et Taoki s'éloignent-ils sur la pointe des pieds ?

Date : ______________________ Manuel pages 130-131 Ⓐ

# Un bébé à la maison

## J'entends

**1 Entoure** le dessin quand tu entends **ill**.

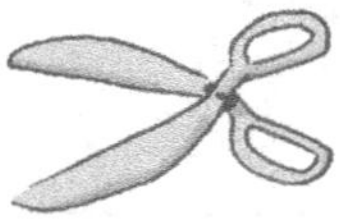

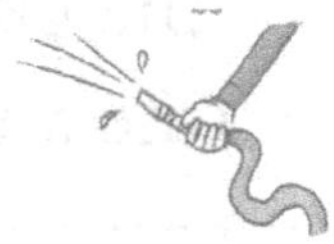

## Je vois

**2 Colorie** ces mots dans la grille.

VOYOU
YOGA
VOYAGE
KAYAK
YÉTI
YOYO
YAOURT

| | | | | | |
|---|---|---|---|---|---|
| V | O | Y | O | U | Y |
| O | K | A | L | P | É |
| Y | A | O | U | R | T |
| A | Y | M | C | T | I |
| G | A | Y | O | Y | O |
| E | K | Y | O | G | A |

## J'écris

**3 Remets** les mots **dans l'ordre** pour **écrire** une phrase.

maquille – crayon. – Camille – se – un – avec

## Je comprends l'histoire de Taoki

**4 Coche** la bonne case.

| | Vrai | Faux |
|---|---|---|
| Hugo ne sait pas comment tenir le bébé. | | |
| Le biberon calmera certainement Agnès. | | |
| Agnès mordille la tétine du biberon. | | |
| Agnès ressemble à Taoki. | | |

# Un bébé à la maison

## J'entends

**1** **Entoure** le dessin quand tu entends **ill**

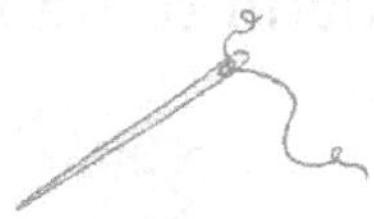

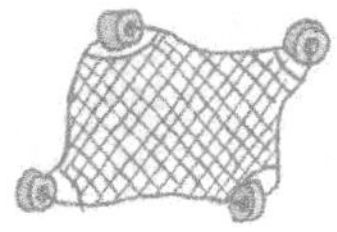
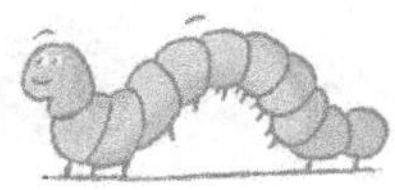

## Je vois

**2** **Recopie** tous les mots avec **y** que tu vois dans cette grille.

| | | | | | |
|---|---|---|---|---|---|
| V | O | Y | O | U | Y |
| O | K | A | L | P | É |
| Y | A | O | U | R | T |
| A | Y | M | C | T | I |
| G | A | Y | O | Y | O |
| E | K | Y | O | G | A |

## J'écris

**3** Devinettes.

- Pour bien colorier, il faut les tailler : les _ _ _ _ _ _ _ _ .
- Il se mange nature ou aux fruits : le _ _ _ _ _ _ _ .
- Elle rampe avant de devenir un papillon : la _ _ _ _ _ _ _ _ _ _ .

## Je comprends l'histoire de Taoki

**4** **Écris** une phrase pour répondre aux questions.

- Qui veut prendre Agnès dans ses bras ?

- Pourquoi Agnès ressemble-t-elle à une petite chenille ?

Date : ____________________ Manuel pages 132-133 (A)

# Révisions

## J'entends

**1 Barre** le son quand tu ne l'entends pas dans le mot.

| | | | | |
|---|---|---|---|---|
|  |  |  |  |  |
| é | é | p | s | j |

## Je vois

**2 Entoure** la ou les lettre(s) qui font **è**.

un bracelet – une chouette – la coccinelle – un serpent – la baleine

## J'écris

**3 Recopie** chaque phrase avec le mot outil en gras qui convient.

- Il me reste **beaucoup** / **quelques** bonbons.
- Il y a **quelques** / **beaucoup** de monde ici.

## J'observe la langue

**4 Barre** les questions incorrectes.

- Est-ce que tu chanteras ce soir ?
- Pourquoi le ciel est-il si gris
- Comment pleut ?
- Qui est là ?

## Je comprends l'histoire de Taoki

**5 Écris** le nom du (ou des) personnage(s) dont on parle.

- Il a sculpté un drakkar. ____________
- Il a glissé sur les algues. ____________
- Ils sont pressés de voir le bébé. ____________

Date : ____________________ Manuel pages 132-133 (B)

# Révisions

## J'entends

**1** **Entoure** le ou les sons que tu entends dans chaque dessin.

 é é d t

 p t f v

 s z e o

 j gn ch in

## Je vois

**2** **Colorie** les lettres qui font è dans chaque mot.

une tête – le raisin – la reine – le reste – le poulet – la fête – une aile – pleine – un objet – la maîtresse – des tresses – la forêt

## J'écris

**3** **Complète** ces phrases avec les mots outils suivants.

*beaucoup – quelques*

• Il me reste ____________ bonbons. • Il y a ____________ de monde.

## J'observe la langue

**4** **Écris** une question qui correspond.

Ma trousse est noire et blanche.

____________________________________________

## Je comprends l'histoire de Taoki

**5** **Complète** le texte de l'histoire.

Pendant la ____________ en bateau, Taoki et ses amis ont vu des ____________ et des ____________. Ensuite, ils ont participé à un concours de ____________. Dans les rochers, Hugo a glissé sur ____________.

Date : ______________________ Manuel pages 134-136 (A)

# Lecture

## L'énorme crocodile

**1 Coche** ce qui correspond à chaque personnage.

| | L'énorme crocodile | Pas-Si-Gros |
|---|---|---|
| Ses dents sont blanches et pointues. | | |
| Ils se prélassent dans la rivière. | | |
| C'est le plus gros des crocodiles. | | |
| Il n'est pas si gros que ça. | | |
| Ils vivent en Afrique. | | |

**2 Colorie** les mots du texte qui décrivent la rivière.

| | | | |
|---|---|---|---|
| grande | chaude | d'Amérique | boueuse |
| claire | noire | d'Afrique | trouble |

**3 Complète** le texte avec les mots suivants.

*énorme – enfants – rivière – déjeuner – poisson*

Deux crocodiles se prélassent dans une ______________ boueuse d'Afrique. L'un des crocodiles est ______________, l'autre pas si gros.

L'énorme crocodile aimerait un joli garçon bien juteux pour son ______________. Pas-Si-Gros ne mange que du ______________. Il trouve les ______________ trop coriaces, élastiques, écœurants et amers.

Date : ______________________________ Manuel pages 134-136 (B)

# Lecture

## L'énorme crocodile

**1** **Coche** Vrai ou Faux.

| | Vrai | Faux |
|---|---|---|
| Les crocodiles vivent en Afrique. | | |
| Ils sont trois. | | |
| Ils sont allongés au bord de la rivière. | | |
| Ils discutent de leur repas. | | |
| Des enfants jouents près des crocodiles. | | |
| Pas-Si-Gros adore le poisson. | | |

**2** **Écris** une phrase pour répondre à chaque question.

• Où vivent les crocodiles de cette histoire ?

• Comment s'appellent-ils ?

**3** **Complète** la grille. Tu trouveras un mot mystère dans les cases grises.

1. Dans la rivière, elle est noire et boueuse.
2. Pas-Si-Gros n'en mange jamais.
3. L'énorme crocodile en veut un, dodu et bien juteux.
4. Ces deux animaux se prélassent dans la rivière.
5. Pas-Si-Gros trouve que les enfants sont coriaces et…
6. Les dents blanches de l'énorme crocodile sont ainsi.
7. Le goût des enfants d'après Pas-Si-Gros.

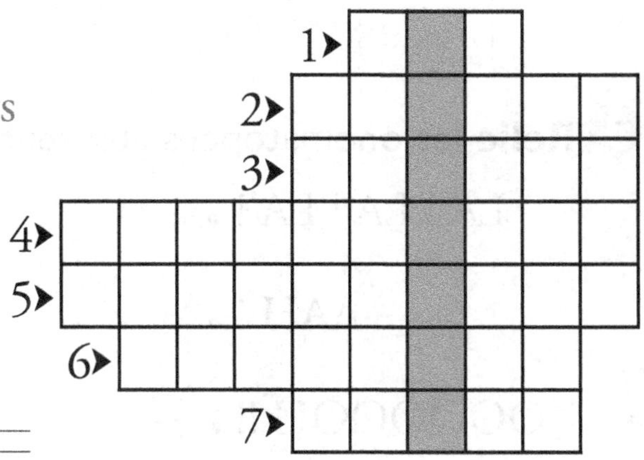


Le mot mystère : ______________________

Date : ______________________ Manuel pages 137-139 (A)

## Lecture

# Boucle d'or et les sept ours nains

**1** **Relie** chaque mot à sa définition.

| | |
|---|---|
| une bulle • | • une image dans une bande dessinée |
| une planche • | • une forme qui sert à faire parler les personnages |
| un cartouche • | • un encadré dans lequel le narrateur donne des informations |
| une vignette • | • l'ensemble des vignettes d'une page |

**2** **Réponds** à ces questions par une phrase.

- De quel type de texte s'agit-il ?

- Quel est le titre de ce texte ?

- À quoi servent les bulles présentes dans chaque vignette ?

- À quoi servent les encadrés jaunes présents dans la première vignette et dans la dernière ?

**3** **Relie** les onomatopées aux sentiments des ours nains.

| | |
|---|---|
| LA ! LA ! LA ! • | • l'étonnement |
| AAH ! • | • la joie |
| OOOOOOH !! • | • la peur |

# Lecture

## Boucle d'or et les sept ours nains

**1** **Coche** la bonne case.

| | Vrai | Faux |
|---|---|---|
| Les ours arrivent des mines de sel. | | |
| Ils veulent manger et dormir. | | |
| Ils ne sont pas très fatigués. | | |
| Une géante dort dans un lit. | | |
| Elle a vidé tous les bols. | | |
| Des cambrioleurs sont entrés. | | |
| Un roi tue les géants. | | |
| Les ours vont chercher un prince. | | |

**2** **Entoure** le bon résumé de l'histoire.

- Fatigués de leur journée à la mine, sept nains rentrent chez eux. Une princesse est entrée dans leur maison. Elle a tout mangé et s'est couchée sur leurs lits. Ils la regardent dormir et se couchent à ses côtés.
- Après une journée à la mine, sept ours nains rentrent chez eux. Tout est en désordre. Une géante est couchée dans leurs lits. Ils ont peur et décident d'aller chercher un prince tueur de géants.

**3** **Imagine** le prince tueur de géants. **Écris** quelques phrases pour le décrire et **dessine**-le.

Date : ______________________________ Manuel pages 140-141 (A)

# À l'assaut du château fort !

## J'entends

**1 Entoure** les dessins quand tu entends **eil**.

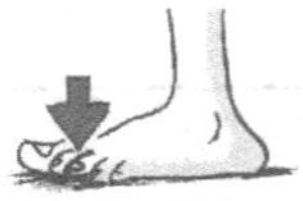

## Je vois

**2 Colorie** de la même couleur les mots qui ont la même syllabe.

| | | | |
|---|---|---|---|
| un portail | une abeille | une trouvaille | vermeil |
| une corbeille | il travaille | le sommeil | un éventail |

## J'écris

**3 Complète** les mots avec ail ou aille, eil ou eille.

- ail ou aille — une bat______ — un évent______ — une mur______
- eil ou eille — un rév______ — la bout______ — le somm______

## J'observe la langue

**4 Entoure** les adjectifs dans la liste de mots.

un portail – un bouclier – rapide – vieil – une corneille – fort – un bébé – profond – un bruit – belle

## Je comprends l'histoire de Taoki

**5 Relie** les phrases au bon personnage.

Il vole vers le château fort. •

Il porte une épée et un bouclier. •

Il veut rattraper une abeille. •

Sa sœur dort dans le landau. •

• 

• 

# À l'assaut du château fort !

## J'entends

**1** **Coche** la case ou tu entends **ail** ou **eil**.

## Je vois

**2** **Entoure** les mots avec *eil* en vert et les mots avec *ay* en bleu.

le sommeil – la paye – le crayon – l'orteil – une rayure –

le réveil – pareil – balayer – un rayon

## J'écris

**3** **Remets** les mots **dans l'ordre** pour **écrire** la phrase.

*bétail. – portail – ouvre – fermier – le – au – Le*

## J'observe la langue

**4** **Recopie** uniquement les adjectifs.

*un chien – après – noir – gros – un chat – petit – rayé – court*

## Je comprends l'histoire de Taoki

**5** **Écris** un résumé de cette histoire de Taoki en utilisant les mots proposés.

*un château fort – les déguisements – une princesse – un chevalier*

Date : ____________________ Manuel pages 142-143 (A)

# Le tournoi

## J'entends

**1** **Colorie** les dessins quand tu entends **euil**.

   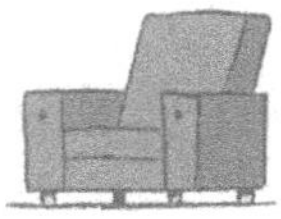 

**2** **Coche** la case quand tu entends **ouil**.

| | | |
|---|---|---|
| | | |

| | | |
|---|---|---|
| | | |

| | | |
|---|---|---|
| | | |

## Je vois

**3** **Entoure** les mots en bleu quand tu vois *ouil* et en vert quand tu vois *euil*.

le seuil – des nouilles – l'écureuil – du fenouil – la douille –

la rouille – le treuil – des chatouilles – une feuille – un chevreuil

## J'écris

**4** **Remets** les syllabes **dans l'ordre** pour **écrire** les mots.

*teuil – nouille – cha – fau – touilles – gre*

*le* ____________ | *une* ____________ | *des* ____________

## Je comprends l'histoire de Taoki

**5** **Entoure** les dessins qui correspondent à l'histoire.

 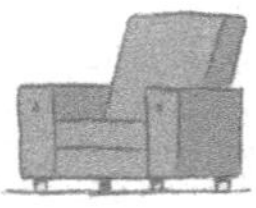   

# Le tournoi

## J'entends

**1** **Relie** chaque dessin au son que tu entends.

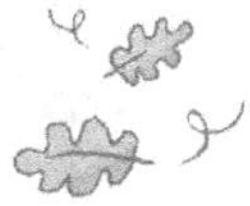    

**euil** **ouil**

## Je vois

**2** **Entoure** la syllabe dans laquelle tu vois *euil* ou *ouil*.

le seuil – des nouilles – l'écureuil – du fenouil – la douille –

la rouille – le treuil – des chatouilles – une feuille – un chevreuil

## J'écris

**3** **Complète** les phrases avec les mots suivants :

*bouillir – fouille – débrouiller*

- Je fais ______________ de l'eau pour les pâtes.
- Laisse-moi : je peux me ______________ tout seul !
- Noé ______________ dans sa trousse pour trouver sa gomme.

## Je comprends l'histoire de Taoki

**4** Imagine la fin de cette histoire de Taoki. **Écris** et/ou **dessine**.

Date : ______________________ Manuel pages 144-145 (A)

# Un banquet au château

## J'entends

**1 Relie** chaque dessin au son que tu entends.

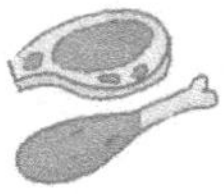    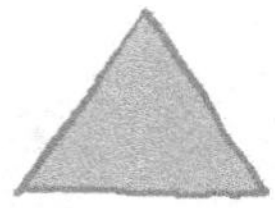

ian • ien • ieu • ion

## Je vois

**2 Colorie** tous les **ion**, **ian**, **ien** et **ieu** que tu vois.

un dépliant – le milieu – un bien – un chirurgien – un lampion

## J'écris

**3 Relie** les groupes de mots pour faire des phrases.

| | | |
|---|---|---|
| Damien • | • jouent • | • une alliance en or. |
| Les musiciens • | • achète • | • en avion. |
| Le fiancé • | • revient • | • avec passion. |

## J'observe la langue

**4 Entoure** les mots ou groupes de mots que l'on peut enlever pour simplifier la phrase.

Le soir, dans la cour du château, les visiteurs fatigués participent à un festin royal.

## Je comprends l'histoire de Taoki

**5 Coche** la bonne case.

| | Vrai | Faux |
|---|---|---|
| La journée débute par un banquet. | | |
| Taoki est déguisé en fou. | | |
| Hugo dévore le festin. | | |

# Un banquet au château

## J'entends

**1** **Barre** l'intrus dans chaque ligne.

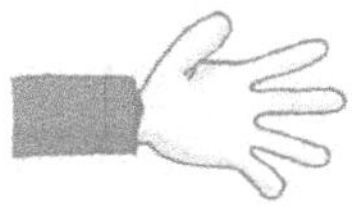

## Je vois

**2** **Colorie** • les **ion** en bleu • les **ian** en vert • les **ieu** en jaune.

| | | | | | |
|---|---|---|---|---|---|
| dépliant | milieu | bien | chirurgien | lampion | avion |

## J'écris

**3** **Écris** le féminin de ces métiers, comme dans l'exemple.

- un historien → une historienne
- un comédien → une ______________
- un informaticien → une ______________

## J'observe la langue

**4** **Réécris** la phrase en ajoutant des détails.

Les visiteurs participent à un festin.

## Je comprends l'histoire de Taoki

**5** **Écris** quelques phrases pour décrire l'image.

Date : ______________________ Manuel pages 146-147 (A)

# En route pour le monde de Taoki !

## J'entends

**1** **Relie** chaque dessin au son que tu entends.

2 + 2 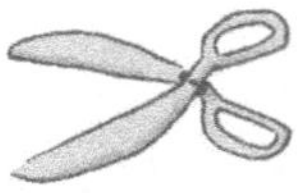   

si — ti

## Je vois

**2** **Lis** les mots, puis **entoure** les lettres qui font **si**.

animation – initiale – dentition – Tahitien – acrobatie – partition – station

## J'écris

**3** **Remets** les syllabes **dans l'ordre** pour **écrire** les mots.

tio – gi – nnai – ma – dic – re – cien

le ______________________

un ______________________

## Je comprends l'histoire de Taoki

**4** **Coche** la bonne case.

| | Vrai | Faux |
|---|---|---|
| Taoki est apparu dans la bibliothèque. | | |
| Taoki ne veut pas rentrer chez lui. | | |
| Toute la famille de Lili va chez Taoki. | | |
| Il faut repartir par le livre pour aller chez Taoki. | | |
| Hugo, Lili et Taoki ont un gros sac à dos. | | |
| Le livre prend feu. | | |

Date : ______________________ Manuel pages 146-147 (B)

# En route pour le monde de Taoki !

## J'entends

**1** **Relie** les dessins qui ont la même syllabe.

  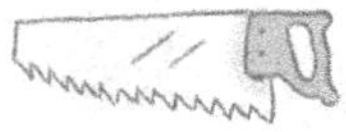

 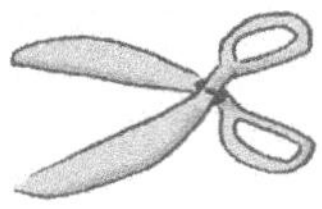 

## Je vois

**2** **Recopie** les mots dans la bonne colonne.

*une collection – une impression – un magicien – un tahitien – un opticien – une émission*

| si et si | ci et si | ti et si |
|---|---|---|
| | | |

## J'écris

**3** **Complète** comme dans l'exemple.

- congeler → *la congélation*
- consommer → *la consomma*______
- animer → *l'*______
- réparer → ______
- habiter → ______
- préparer → ______

## Je comprends l'histoire de Taoki

**4** **Complète** ce texte avec les mots de l'histoire.

Taoki doit rentrer chez lui et retrouver sa ______.

Il a invité ses amis à passer les grandes ______ dans son monde.

Pour faire ce ______, il faut partir par le livre.

# Au pays des dragons

## J'entends

**1 Entoure** le dessin quand tu entends le son demandé.

ks

s

16 10 6 13

## Je vois

**2 Colorie** les mots uniquement quand le **x** ne fait aucun son.

| | | | | |
|---|---|---|---|---|
| une croix | l'exercice | un taxi | le texte | doux |
| dixième | des jeux | un pixel | heureux | mixer |
| roux | la boxe | six | faxer | un prix |

## J'écris

**3 Complète** comme dans l'exemple.

- un gâteau → des gâteaux
- un château → ____________
- un rideau → des rid________
- beau → ____________

## J'observe la langue

**4 Entoure** les mots qui indiquent le futur.

hier – demain – aujourd'hui – la semaine prochaine – dans trois jours – la nuit dernière – aux prochaines vacances – avant-hier – ce soir

## Je comprends l'histoire de Taoki

**5 Entoure** uniquement les mots qui sont dans le texte de l'histoire.

le cahier – le xylophone – les camions – les plantes – les fleurs – le saxophone – le livre – les voitures – le toboggan – le tourniquet

# Au pays des dragons

## J'entends

**1** **Lis** les mots et **barre** l'intrus dans chaque ligne.

- une expédition – le deuxième – une galaxie – un extrait
- un xylophone – exagérer – Maxime – un examen
- des hiboux – des fax – des peaux – roux
- six – soixante – dix – treize

## Je vois

**2** **Recopie** les mots dans la bonne colonne.

examiner – fixer – dix – deuxième – six – le luxe – dixième – exagèrer

| ks | gz | s | z |
|---|---|---|---|
| | | | |

## J'écris

**3** **Complète** comme dans l'exemple.

- heureuse → heureux
- chanceuse → ____________
- peureuse → ____________
- frileuse → ____________

## J'observe la langue

**4** **Colorie** en bleu les mots qui indiquent le futur et en orange les mots qui indiquent le passé.

hier – demain – aujourd'hui – la semaine prochaine – dans trois jours – la nuit dernière – aux prochaines vacances – avant-hier – bientôt

## Je comprends l'histoire de Taoki

**5** **Réponds** à la question par une phrase.

Où Hugo et Lili partent-ils en vacances ?

# Révisions

## J'entends

**1 Colorie** les dessins quand tu entends **ks**.

  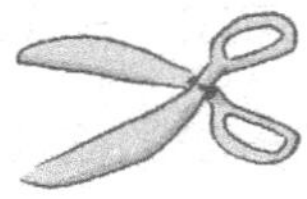  

**2 Entoure** le son que tu entends dans chaque mot.

|  |  |  |  |
|---|---|---|---|
| eil / ail | ouil / euil | ian / ion | ien / ian |

## Je vois

**3 Colorie** tous les **x** que tu vois.

des excuses – deux – taxer – merci – luxueux – une scie – le maximum

## J'écris

**4 Complète** chaque mot avec le son qui convient.

| | | | |
|---|---|---|---|
| • **ail** ou **eil** | un appar____ | un trav____ | un ort____ |
| • **euil** ou **ouil** | du fen____ | un écur____ | un faut____ |
| • **ti** ou **ci** | le ____néma | une ____catrice | des acroba____es |

## J'observe la langue

**5 Coche** la phrase qui indique ce qui se passe en ce moment.

- [ ] J'utilise l'ordinateur pour écrire un mail.
- [ ] Demain, j'écrirai un mail à ma cousine.
- [ ] Hier, j'ai écrit un mail à ma cousine.

## Je comprends l'histoire de Taoki

**6 Coche** la bonne réponse.

| | Vrai | Faux |
|---|---|---|
| Lili, Taoki et Hugo visitent un château fort. | | |
| La journée au château commence par un festin. | | |
| Le pays des dragons est un monde exotique. | | |

# Révisions

## J'entends

**1 Entoure** le son que tu entends dans chaque mot.

| | | | |
|---|---|---|---|
|  | 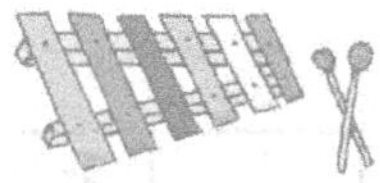 | 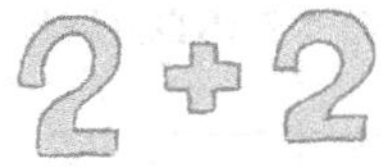 |  |
| ks gz | ks gz | ti si | ti si |

## Je vois

**2 Écris** les mots dans la bonne colonne.

des nouilles – pareil – une maille – une feuille – du fenouil – une merveille

| ail / aille | eil / eille | ouil / ouille | euil / euille |
|---|---|---|---|
| | | | |

## J'écris

**3 Écris** ces mots au pluriel.

- un rateau → des rateaux
- un couteau → des ______
- un caillou → ______
- un cheveu → ______

## J'observe la langue

**4 Complète** chaque phrase avec le mot du temps qui convient.

Aujourd'hui – Demain – Hier

- ______, j'utilise l'ordinateur pour écrire un mail.
- ______, j'écrirai un mail à ma cousine.
- ______, j'ai écrit un mail à ma cousine.

## Je comprends l'histoire de Taoki

**5 Complète** avec des mots du texte de l'histoire.

Pendant la journée dans le ______ fort, Hugo et Taoki se prennent pour des ______. Ensuite, c'est le départ pour le ______ des dragons. C'est un monde extraordinaire et ______. C'est sûr, Hugo et Lili rapporteront des tonnes de ______ !

# Lecture

## Les trois grains de riz

**1 Colorie** le titre de l'histoire.

| | |
|---|---|
| Les trois grains de café | Les trente grains de riz |
| Les trois grains de riz | Les trois grappes de riz |

**2 Termine** ces phrases avec les mots de l'histoire.

- Petite Sœur Li emporte avec elle un ______________.
- À l'intérieur, il y a des grains de ______________.
- Ce riz a été cultivé et récolté par ______________.
- Petite Sœur Li va vendre le riz au ______________.
- Elle ne marche pas, elle ______________.

**3 Relie** les mots de sens proche.

| | | | |
|---|---|---|---|
| de la toile | le fleuve | brune | récolter |
| marron | du tissu épais | ramasser | la rivière |

**4 Réponds** à ces questions par une phrase.

- Quel animal Petite Sœur Li rencontre-t-elle en premier ?

- Que veut-il ?

- Que peut-il faire avec le riz ?

# Lecture

## Les trois grains de riz

**1 Barre** les phrases qui ne sont pas dans l'histoire.

Petite Sœur Li ne doit pas gaspiller le riz. Elle plante les grains de riz. Elle trouve extraordinaire qu'un canard soit capable de tant de bonté ! Alors elle ouvre le sac de toile. Elle y met les fruits qu'elle a ramassés. Elle offre une poignée de riz à un canard si gentil. Elle n'a plus de riz.

**2 Écris** ce que dit Petite Sœur Li en donnant du riz au canard.

**3 Entoure** la bonne réponse.

- Petite Sœur Li arrive à l'entrée d'une forêt de bananiers. / bambous.
- Devant elle, il y a un panda. / un plan.
- Avec le riz, le panda peut combattre les dragons. / les méchants.

**4 Colorie** d'une même couleur les cases qui parlent du même épisode.

| | | |
|---|---|---|
| un canard | Il combat les méchants. | Il est gentil. |
| un panda | Il fabrique des trésors. | Il est adroit. |
| un singe | Il efface les ennuis. | Il est courageux. |

Date : ____________________ Manuel pages 156-158 (A)

# Lecture

## Les tournois du Moyen Âge

**1 Colorie** ce que tu vois dans le document.

| | | |
|---|---|---|
| une carte | une illustration | un gros titre |
| des sous-titres | un texte | des légendes |

**2 Termine** ces phrases avec les mots de l'histoire.

- Ce texte est
  - une bande dessinée
  - un roman
  - un documentaire

  sur les
  - chevaux.
  - chevaliers.
  - châteaux.

- Les chevaliers vivaient
  - au Moyen Âge.
  - à la Préhistoire.
  - en 2016.

**3 Coche** Vrai ou Faux.

| | Vrai | Faux |
|---|---|---|
| Les tournois se déroulaient dans le château. | | |
| Ce sont des jeux pour amuser les chevaliers. | | |
| Les chevaliers de toute la région arrivaient. | | |
| Ils n'utilisaient pas de vraies armes. | | |
| Le vainqueur est celui qui a tué son adversaire. | | |
| Les tournois étaient souvent suivis de fêtes. | | |

**4 Entoure** les mots de l'équipement du chevalier.

la lance — le chapeau — l'armure — le bouclier

les lunettes — le heaume — l'épée — le téléphone

Date : ____________________ Manuel pages 156-158 (B)

# Lecture

# Les tournois du Moyen Âge

**1** Devinettes.

- Je suis les dessins sur le bouclier d'un chevalier.
  Je suis ____________________.
- Je suis le robuste cheval d'un chevalier.
  Je suis ____________________.
- Je suis l'autre nom d'un tournoi.
  Je suis ____________________.
- Je suis celui qui organisait les tournois.
  Je suis ____________________.

**2** **Relie** chaque mot à celui qui dit la même chose (son synonyme).

le tournoi • le destrier • le vainqueur • le banquet • le convive •

• le gagnant • l'invité • la joute • le cheval • un repas

**3** **Complète** les phrases avec des mots du texte.

Les __________ étaient souvent suivis de grandes __________.
Des __________ étaient organisés pendant lesquels
des __________ jouaient de la musique, des jongleurs
et des __________ amusaient les convives.

**4** **Colorie** le bouclier de ce chevalier en t'aidant du texte.

- La lame de l'épée est de couleur grise.
- Le fond sur lequel se trouve la chèvre est de couleur jaune.
- La bande du haut est bleue, celle du milieu est verte et celle du bas est violette.

Date : ______________________ Manuel pages 102-103

# Deux dragons dans la ville

## Je lis l'histoire de Taoki

En rentrant de l'école, les enfants rencontrent Kim. « Venez vite voir le défilé ! C'est une fête unique à ne pas rater ! » À leur arrivée, la petite troupe découvre des hommes en kimonos qui portent des masques. Il y a aussi une chorale. La foule admire les chars.

**Soudain**, un énorme dragon se dandine dans la rue. Il suit le son des tambours. Les enfants se laissent entraîner dans les rues du quartier.

# De gros yeux dans la nuit

## Je lis l'histoire de Taoki

La nuit tombe **peu à peu** pendant la fête.
Les feux éclairent les immeubles et les danseurs
de jolies couleurs.
Taoki s'est égaré dans la foule. Tombant soudain
nez à nez avec deux gros yeux bleus, il s'écrie :
« Au secours ! C'est affreux ! Un monstre ! »
Son cœur bat très vite et il a un nœud au ventre.
Mais il voit enfin Lili à deux mètres de lui.
Il est heureux de la retrouver et se sent rassuré.
« Ouf ! On est **mieux** avec ses amis ! »

Date : ______________________ Manuel pages 106-107

# À l'assaut des gratte-ciel !

## Je lis l'histoire de Taoki ______________________

En rentrant de l'école, les enfants
rencontrent Kim. « Venez vite voir le défilé !
Taoki et les enfants sont à New York,
une grande ville des États-Unis.
Les habitants la surnomment « la Grosse Pomme ».
Entourés de pigeons, Lili et Hugo sont plongés
dans leur guide de la ville et cherchent leur chemin.
Ils sont époustouflés par la hauteur des immeubles
qui s'élèvent jusqu'aux nuages… « Géant ! Colossal !
**Cette** ville est géniale ! » s'écrie Lili. Taoki n'a pas peur
de l'altitude : il se prend pour un super-héros et se met
à grimper, grimper le long d'une tour… Il dit bonjour
aux gens qui le regardent passer d'un air ahuri.

Date : ____________________ Manuel pages 108-109

# La statue de la Liberté

## Je lis l'histoire de Taoki ____________________

Le lendemain matin, les trois copains partent voir la grande statue. C'est l'un des monuments les plus connus au monde. Elle est située au sud de Manhattan. Lili discute avec un groupe de touristes. Leur guide est américain. Il raconte à Lili que la statue est le symbole des États-Unis. « Lors de mon prochain séjour à Paris, dit Hugo, j'irai voir sa copie près de la tour Eiffel, au bord de la Seine. Elle est plus petite que **celle** d'ici, n'est-ce pas Taoki ? » Debout sur un banc, Taoki imite la statue, une fausse flamme à la main.

Date : ______________________________

Manuel pages 110-111

# Quel rodéo !

## Je lis l'histoire de Taoki ______________________________

Nouveau périple pour Taoki et ses amis : ils partent découvrir l'immensité sauvage de l'Arizona.

Avec son polo à carreaux, son chapeau et son foulard, Taoki ressemble aux cavaliers qui gardent les troupeaux. Jack, le propriétaire du ranch, fait découvrir les chevaux aux trois copains. Ils sont tous regroupés dans un enclos. Comme il fait très chaud, **certains** boivent de l'eau dans des tonneaux. Soudain, Hugo veut jouer au héros comme dans les films. Il saute sur le dos d'un cheval, Tornado. **Celui-ci** est surpris : c'est le début du rodéo !

Date : ______________________________ Manuel pages 112-113

# Retour à l'écurie

## Je lis l'histoire de Taoki ____________________

**Après** le rodéo, Taoki rejoint Hugo

qui s'occupe de Tornado.

Hugo le rafraîchit : il lui passe

de l'eau sur les jambes.

Taoki lui brosse le poil pour qu'il soit doux et propre.

Il prend bien soin de son nouveau copain.

De son côté, Lili fait le tour du ranch avec Jack.

Il lui montre le hangar où sont rangés le foin, l'orge

et l'avoine pour nourrir les chevaux.

De retour aux écuries, Lili retrouve Taoki endormi

dans un coin. Quelle dure journée !

# Révisions

## Je lis l'histoire de Taoki ________________

C'est la fête dans le quartier.

La foule est entraînée par le son des tambours.

Le défilé chinois enchante le public.

Avec Kim comme guide, Taoki, Hugo et Lili ont

tout compris à la danse du dragon.

Un nouveau séjour pour les amis : l'Amérique,

ses grandes villes et ses immensités sauvages !

À New York, les enfants ont admiré la statue

et la hauteur des immeubles.

Taoki s'est même pris pour un super-héros

en grimpant le long des murs ! Mais dans le ranch

de Jack, devant Tornado, il fait moins le malin !

S = Z



# Arrivée en classe de mer

## Je lis l'histoire de Taoki

Maman, Papa,

Nous sommes bien arrivés en classe de nature.
La route était longue, mais quelle vue à notre arrivée !
Nous nous sommes vite installés. Taoki est
avec Hugo et Dong dans une chambre. Moi, je suis
avec Magali et Rose. Nous avons vidé nos valises,
rangé nos affaires dans les casiers... et hop !
tous dehors pour visiter le village. Il y a une église
isolée. Ensuite, nous sommes allés sur la plage
pour nous amuser !
Je pense que le séjour va être génial ! Je vous envoie
**déjà quelques** images.

Bisous

Lili

Date : ______________________________ Manuel pages 122-123

# Croisière marine

## Je lis l'histoire de Taoki ______________________

Coucou Maman, coucou Papa,

Juste un petit mot pour vous raconter ma journée d'aujourd'hui. Nous sommes partis pour une croisière en bateau. En sortant du port, nous avons longé un phare splendide : avec ses énormes lumières qui tournent, il aide les bateaux à éviter les rochers cachés sous l'eau. Puis, sur **plusieurs** îlots, nous avons vu des phoques. Je les ai photographiés. Ils sont **trop** drôles quand ils dorment au bord de l'eau !

Sur le chemin du retour, nous avons fait une rencontre époustouflante : des dauphins suivaient le bateau. C'était magique !

Méga bisous

Hugo

Date : ______________________ Manuel pages 124-125

# Concours de sculptures de sable !

## Je lis l'histoire de Taoki

Papa, Maman,

J'ai bien reçu votre carte qui m'a fait très plaisir.
Ce matin, le maître a organisé un concours
de sculptures de sable. Chacun s'est trouvé un petit
coin et a commencé à creuser, à tasser, à ratisser...
Un garçon a façonné une voiture ; un autre
un château ; moi, j'ai placé des algues sur la tête
de mon lion. Ça lui faisait une crinière assez spéciale !
Taoki s'était isolé pour nous faire une surprise :
il a sculpté un sublime drakkar viking !
Nous rentrons dans deux jours.

À très vite. Lili

# La pêche à pied

## Je lis l'histoire de Taoki ____________________

Maman chérie, Papa adoré,

Ce matin, nous sommes partis

à la pêche à pied à marée basse. Armés de seaux

et d'épuisettes, nous avons cherché dans les rochers

des bigorneaux, des bulots… et même des crevettes.

Moi, j'ai glissé sur les algues vertes. Je me suis fait

un sacré bleu au genou ! Casquette sur la tête,

Taoki a mis sa main entre deux rochers pour attraper

une étoile de mer. Hélas, c'était un crabe !

Il s'est fait pincer la patte ! Pauvre Taoki !

Vous me manquez beaucoup.

Hugo

gn
*gn*

Date : ______________________________ Manuel pages 128-129

# Un heureux événement

## Je lis l'histoire de Taoki

Quelques jours après le retour de Hugo
de classe de mer, sa maman est partie
en trombe à la maternité, accompagnée
de son mari, pour accoucher.
Le lendemain matin, Hugo apprend que sa petite sœur
est née : elle s'appelle Agnès.
Fou de joie, il trépigne d'énervement.
Il va **bientôt** la voir et Taoki se ronge les pattes.
Les grands-parents les emmènent voir le bébé.
« Oh ! Qu'elle est mignonne ! Elle est si petite ! »
Avec son pyjama rose et ses petites boucles blondes,
on dirait un ange ! À son poignet, le nourrisson porte
un bracelet avec son prénom et sa date de naissance.
Agnès dort paisiblement et pousse un petit grognement.
Hugo et Taoki craignent de la déranger et s'éloignent
sur la pointe des pieds.

# Un bébé à la maison

## Je lis l'histoire de Taoki

Agnès et sa maman sont sorties
de la maternité et sont de retour à la maison.
« Youpi ! Ma petite sœur est là ! s'écrie bruyamment Hugo.
Maman, laisse-moi la prendre dans mes bras ! »
Mais la fillette se met à crier et à pleurer. « Tu devrais lui donner
le biberon, dit sa maman. Ça la calmera peut-être. »
Mais Hugo ne sait pas **comment** attraper cette petite
chenille qui ne cesse de se tortiller.
« Tiens-lui bien la tête et installe-la confortablement
dans tes bras », dit maman.
Agnès mordille la tétine et écarquille ses grands yeux bleus.
C'est sûr, Hugo va l'adorer cette petite sœur !

# Révisions

## Je lis l'histoire de Taoki

Cette année, le maître amène ses élèves à la mer.

Hugo et Lili sont ravis.

Ils écrivent régulièrement à leurs parents pour raconter

leurs aventures : les promenades le long de la falaise,

la pêche à pied à marée basse, la croisière avec les phoques

et les dauphins et même le concours de sculptures de sable

sur la plage !

À leur retour, une grande nouvelle les attend : la petite

sœur d'Hugo va bientôt naître.

Hugo se précipite à la maternité pour l'admirer !

Comme c'est mignon un bébé et comme c'est fragile !

Il faut beaucoup s'en occuper : lui donner à manger,

la bercer, lui faire des câlins…

Hugo, sous le regard de sa maman, installe Agnès

confortablement et lui donne le biberon.

Date : ____________________ Manuel pages 140-141

# À l'assaut du château fort !

## Je lis l'histoire de Taoki ____________________

Le soleil est resplendissant : le temps idéal
pour visiter un château fort.
Les enfants ont mis des déguisements médiévaux :
Lili est en princesse, Hugo porte l'attirail du chevalier
avec l'épée et le bouclier, et Taoki la cotte de maille
et le heaume.
Sur son cheval, brandissant une épée, Taoki vole vers
le pont-levis. Il fait la course avec une abeille **plus** rapide
que lui. À l'arrière, le père d'Hugo photographie tout
ce qu'il voit avec son appareil : le vieil édifice, une corneille
perchée sur un arbre et la course folle des enfants.
Il ne veut perdre **aucun** détail !
Dans le landau, le bébé dort d'un sommeil profond.
Rien ne semble pouvoir l'éveiller, pas même le bruit
de la bataille.

Date : ____________________ Manuel pages 142-143

# Le tournoi

## Je lis l'histoire de Taoki ____________________

Au pied du château, des acteurs, déguisés
en chevaliers, donnent un spectacle de tournoi médiéval.
Hugo et Taoki ont le droit d'y participer !
Ils enfilent leurs cottes de maille et tout leur attirail.
Taoki a du mal à mettre son heaume : la plume
lui chatouille le nez ! Mais il se débrouille !
Dans le lointain, une voix annonce la joute de deux chevaliers.
Chacun porte son écu avec ses armoiries : une grenouille
verte pour l'un, un chevreuil pour l'autre.
La joute commence ! Les chevaux démarrent à toute allure.
**Chaque** cavalier brandit une lance gigantesque !
Puis c'est le choc. BANG ! L'un des acteurs tombe au sol.
Il a perdu la bataille. Puis, c'est au tour de Hugo et Taoki !
Il ne faudra pas s'embrouiller ni cafouiller devant tout
ce public ! Et puis, le prix pour le vainqueur est un bisou…
de la princesse Lili.

Date : ____________________ Manuel pages 144-145

# Un banquet au château

## Je lis l'histoire de Taoki ____________________

La journée se termine par un banquet dans la cour
du château. Des tables ont été installées sur des tréteaux.
Tous sont costumés comme au Moyen Âge.
Le lieu est propice à une ambiance joyeuse !
À la lueur des lampions et des torches, les musiciens
et les musiciennes jouent des percussions, des tambourins
et de la viole…
Les troubadours entrent en scène pour conter les aventures
de l'ancien temps.
Taoki est curieux : il s'approche d'un monsieur habillé
en fou et joue avec ses grelots.
Lili compare son costume à **celui** d'une demoiselle
et Hugo dévore le festin !
Enchantés par la musique, les parents de Hugo se lèvent
de table et entraînent leurs voisins dans une folle farandole.

Date : ______________________ Manuel pages 146-147

# En route pour le monde de Taoki !

## Je lis l'histoire de Taoki

Depuis l'apparition de Taoki dans

la bibliothèque au début de l'année,

les journées n'ont pas manqué d'animations !

Taoki s'est pris d'affection pour Hugo et Lili, mais il doit

rentrer chez lui pour retrouver sa famille. Il a invité

ses deux amis à passer les grandes vacances dans son monde !

**Ainsi**, la séparation ne sera pas trop difficile.

Mais il y a une condition pour faire ce voyage :

ils doivent partir par où Taoki est arrivé… par le livre !

Quelle préparation ! Le livre est placé soigneusement par terre.

Tous les trois sont équipés d'un gros sac à dos avec

leurs affaires de vacances. Des larmes de joie et d'émotion

accompagnent les « au revoir » à leurs parents…

Ils sont prêts et impatients !

Taoki tient ses amis par la main, ils sautent à pieds joints

et… un nuage de fumée masque leur disparition !

# Au pays des dragons

## Je lis l'histoire de Taoki

Le voyage à travers le livre a été instantané :

à peine ont-ils sauté qu'ils sont arrivés dans le monde

de Taoki ! Mais Hugo et Lili sont encore un peu étourdis

par cet exercice **hors** du commun. Et quand ils découvrent

ce nouvel univers, ils n'en croient pas leurs yeux !

Ils ne se doutaient pas qu'un monde aussi extraordinaire

pouvait exister !

D'un côté, beaucoup de choses sont identiques à celles

de la Terre : des familles, des voitures qui klaxonnent…

De l'autre, que d'exotisme ! Des plantes immenses

qui parlent et vous regardent, des enfants dragons

qui font du toboggan sur leurs tiges, d'autres qui jouent

du xylophone sur leurs pétales…

Les grandes vacances ne vont pas être assez longues

pour explorer ce pays fabuleux !

Date : ____________

Manuel pages 150-151

# Révisions

## Je lis l'histoire de Taoki

Il suffit d'une journée dans un château fort pour que

nos amis fassent un bond en arrière dans le Moyen Âge.

Équipés de leur attirail médiéval (bouclier, armure

et autre cotte de maille), Hugo et Taoki se prennent

pour des chevaliers. Ils assistent même à un tournoi…

C'est mieux que dans les feuilletons !

Cette journée merveilleuse se termine par un festin

pendant lequel les troubadours et les musiciens

mettent de l'animation.

C'était la dernière aventure avant le départ de Taoki…

mais Hugo et Lili ne vont pas le quitter tout de suite :

ils vont passer les grandes vacances chez lui !

Ils sont très excités par ce voyage à travers le livre.

Le pays des dragons est un monde extraordinaire

et exotique.

C'est sûr, ils rapporteront des tonnes de souvenirs !

Date : ____________________

# Évaluation Période 1

## Compétence : Connaître les lettres

**1 Relie** les 2 écritures de la même lettre.

| | | | |
|---|---|---|---|
| o • | • e | | |
| a • | • i | r • | • f |
| e • | • o | f • | • ch |
| é • | • a | n • | • n |
| i • | • é | m • | • r |
| l • | • y | ch • | • s |
| y • | • u | s • | • m |
| u • | • l | | |

**2 Dis** les noms des lettres de l'alphabet.

a e i o u y é l r f s m

## Compétence : Connaître les correspondances graphophonologiques

**3 Colorie** le dessin quand tu entends le son demandé.

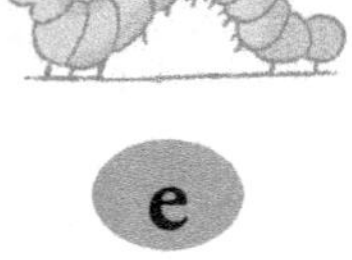
l

o

ch

n

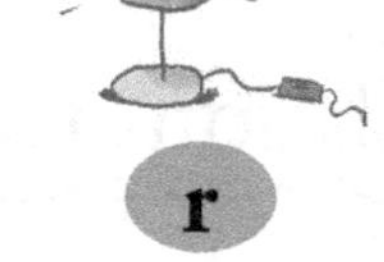
f

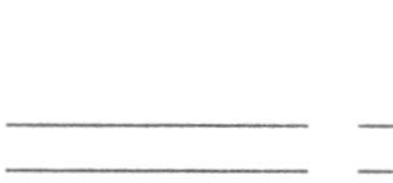
e

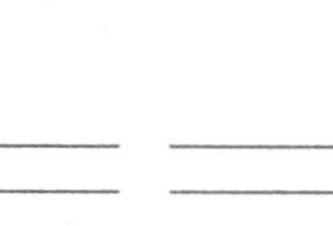
s

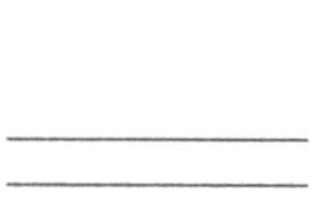
m

é

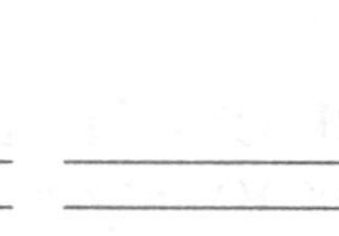
r

**4** Dictée de syllabes. **Écris** .

## Compétence : Mobiliser des compétences de décodage

**5 Entoure** le mot qui correspond au dessin.

un ari
un ara
un ora

un rot
un rut
un rat

un lasso
un lossa
un lissa

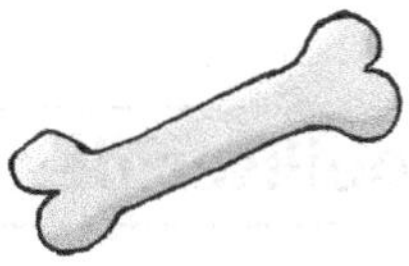

un as
un os
un us

une rue
une fée
un rat

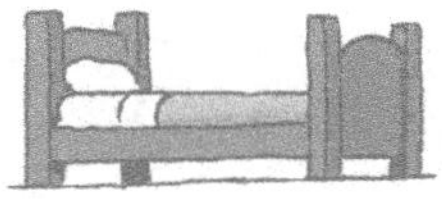

un las
un lot
un lit

un fils
un fil
un film

un salut
un talus
un soldat

## Compétence : Élaborer une phrase

**6 Remets** les mots **dans l'ordre** pour **écrire** une phrase.
Tu peux coller les étiquettes.

| | | | | | | | |
|---|---|---|---|---|---|---|---|
| Taoki | dans | forêt | la | avec | Lili | marche | . |

Date : ______________________

# Évaluation Période 2

## Compétence : Connaître les correspondances graphophonologiques

**1 Colorie** les sons que tu entends dans chaque mot.

b d ou u

c an a g

ou g c s

t r p e

## Compétence : Mobiliser des compétences de décodage

**2 Relie** chaque mot à son dessin.

un hélicoptère • une banane • l'hippopotame • le volcan •

• 

• 

• 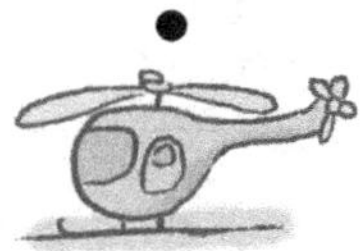

• 

## Compétence : Comprendre un texte

**3 Lis** le texte et **barre** les mots intrus.

C'est le dîner soda de Noël. Ils sont tous vêtus d'habits torticolis élégants. Il est minuit. Les enfants hululent hurlent. Ils se rendent à élément côté de la cheminée.

## Compétence : Lire à voix haute

**4 Lis** ce texte plusieurs fois pour t'exercer, puis **lis**-le à l'enseignant(e).

Taoki est un gourmand. C'est lui qui a pensé au repas de Noël :
du homard, un rôti et des haricots. Ensuite, pour finir, une bûche
au chocolat et du nougat !

## Compétence : Copier de manière experte

**5** **Recopie** cette phrase.

Taoki a acheté une bûche au chocolat décorée de nougatine.

## Compétence : Produire des écrits

**6** **Écris** les mots sous les dessins.

un

le

un

un

**7** **Remets** les mots **dans l'ordre** pour **écrire** une phrase.

s'est – un costume – Taoki – acheté – élégant.

## Compétence : Maîtriser les relations entre l'oral et l'écrit

**8** Dictée de syllabes. **Écris** .

**9** Dictée de mots. **Écris** .

**10** Dictée de phrase. **Écris** .

**Compétences : Mémoriser et se remémorer l'orthographe des mots fréquents et de mots irréguliers dont le sens est connu**

**11** Dictée de mots outils. **Écris** .

**Compétence : Identifier les principaux constituants d'une phrase simple**

**12** **Écris** en remplaçant les mots en gras par *il*, *ils*, *elle* ou *elles*.

- **Hugo** est timide.
  → ______________________
- **Les hiboux** hululent.
  → ______________________
- **Les fourmis** se cachent.
  → ______________________

**Compétence : Raisonner pour résoudre des problèmes orthographiques**

**13** **Écris** *la* ou *les* devant chaque mot.

| | | |
|---|---|---|
| ______ cubes | ______ tomates | ______ tête |
| ______ caméra | ______ dé | ______ lézards |

Date : ____________________

# Évaluation Période 3

## Compétence : Connaître les correspondances graphophonologiques

**1** **Complète** les mots avec *gr, br, pr, cr, dr.*

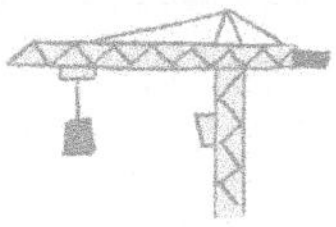

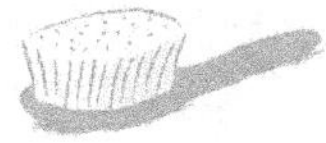

une ___avate — une ___ue — une ___une — une ___osse — un ___agon

**2** **Complète** les mots avec *bl, fl, gl, cl, pl.*

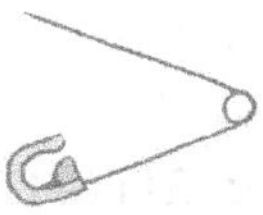

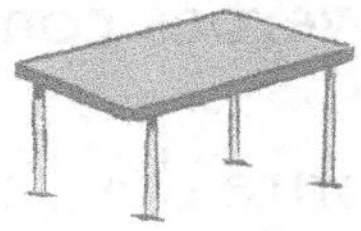

la ___ume — une épin___e — une ___oche — une ta___e — une ___èche

## Compétence : Mobiliser des compétences de décodage

**3** **Relie** chaque mot à son dessin.

un pantalon • — un sapin • — des crampons • — un tambour •

• 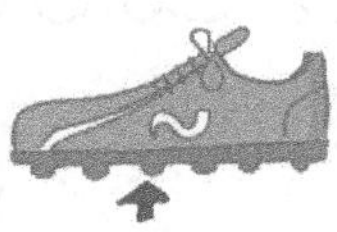
• 
• 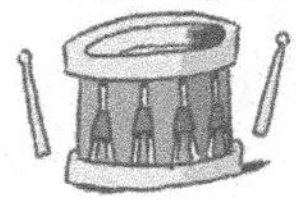
• 

**4** **Remets** les syllabes **dans l'ordre** pour **écrire** les mots.

| *to – au – bus* | *lei – ba – ne* | *jar – ni – di – er* |
| --- | --- | --- |
| *un* ____________ | *la* ____________ | *le* ____________ |

## Compétence : Maîtriser les relations entre l'oral et l'écrit

**5** Dictée de mots. **Écris.**

**Compétences : Mémoriser et se remémorer l'orthographe des mots fréquents et de mots irréguliers dont le sens est connu**

**6** Dictée de mots outils. **Écris.**

**Compétence : Identifier les principaux constituants d'une phrase simple**

**7** **Entoure** les verbes conjugués.

- Taoki raconte des histoires et Lili écoute attentivement.
- Les enfants dévalent les pentes des pistes blanches.
- Tu cours après l'autobus.

**Compétence : Mobiliser ses compétences de décodage et de compréhension**

**8** **Lis** le texte. **Colorie** les phrases qui correspondent à l'histoire.

Dans le salon, Hugo joue à cache-cache avec son amie Lili et le petit dragon.

Taoki se cache sous le canapé.

Hugo rit et dit à Lili : « Chut, j'ai vu le malin petit dragon ! »

| | |
|---|---|
| Hugo est sous le canapé. | Lili et Taoki cherchent Hugo. |
| Lili est sous le canapé. | Hugo rit avec Lili. |
| Taoki est sous le canapé. | Hugo et Taoki sautent sur le canapé. |

Compétence : Produire des écrits

**9** **Écris** une ou plusieurs phrases pour décrire l'image.

Date :

# Évaluation Période 4

**Compétence : Identifier des mots de manière de plus en plus aisée**

**1** **Relie** chaque dessin au son que tu entends.

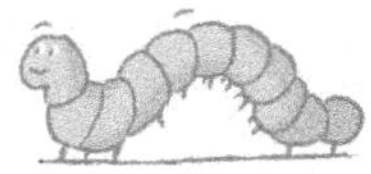

**gn** **ill** **è**

**2** **Entoure** le bon mot pour chaque phrase.

- Les blessés sont évacués avec une **ambiance – ambulance**.
- Le bébé pleure, il a perdu sa **sucrette – sucette**.
- Je skie à la **montagne – montagnard**.

**Compétence : Comprendre un texte**

**3** **Lis** ce texte et **réponds** aux questions.

De retour du marché, toute la famille range les courses.
Les bananes, les mangues et les citrons vont dans le panier.
Les aubergines et les courgettes sont à placer au frigo avec les yaourts.

- Où vont les mangues ?

- Quels légumes ont été achetés ?

- Qu'y a-t-il au frigo avec les légumes ?

## Compétence : Copier de manière experte

**4** **Recopie** cette phrase.

J'ai aperçu un esquimau sur son kayak de l'autre côté de la banquise.

## Compétence : Produire des écrits

**5** **Écris** les mots sous chaque dessin.

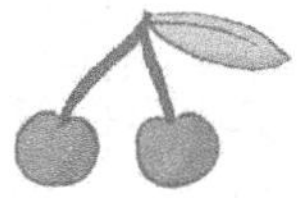

des

une

un

**6** **Écris** une histoire à partir de cette série d'images.

## Compétence : Maîtriser les relations entre l'oral et l'écrit

**7** Dictée de phrase. **Écris**.

**Compétence : Mémoriser et se remémorer l'orthographe des mots fréquents et de mots irréguliers dont le sens est connu**

**8** Dictée de mots outils. **Écris**.

**Compétence : Identifier les principaux constituants d'une phrase simple**

**9** **Écris** le contraire de ces phrases.

- Hugo est timide.

- Les hiboux hululent la nuit.

**10** **Invente** une question pour chaque phrase.

- Les cygnes traversent le lac.

- Léo prépare des aubergines grillées avec son ami Pierre.

Date : ______________________________

# Évaluation Période 5

## Compétence : Connaître les correspondances graphophonologiques

**1** **Complète** chaque mot avec *ail*, *eil*, *euil* ou *ouille*.

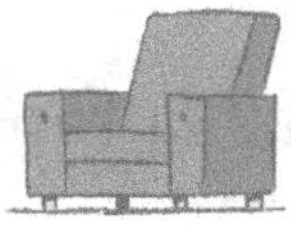

un rév______ un faut______ un épouvant______ une citr______

**2** **Entoure** la bonne écriture de chaque mot.

une patrouille / patrouil — un portaille / portail

un orteille / orteil — une feuil / feuille

## Compétence : Mobiliser des compétences de décodage

**3** **Relie** chaque mot à son dessin.

un magicien • — un saxophone • — le milieu • — une potion •

**4** **Complète** les phrases avec les mots suivants.

*boxeur – nouilles – écureuil – viande*

- Le ______________ enfile ses gants et se prépare pour son combat.
- L'______________ roux ramasse des noisettes pour son repas.
- Les animaux carnivores ne mangent que de la ______________.
- Tu prépares un plat de ______________ pour le déjeuner.

## Compétence : Avoir des connaissances sur la langue (mémoire orthographique des mots)

**5** Dictée de mots. **Écris.**

**Compétence : Mobiliser ses compétences de décodages et de compréhension**

**6** **Lis**, puis **numérote** les phrases dans l'ordre de l'histoire.

- ..... Soudain, il voit une ruche pleine de bon miel.
- ..... Le petit ourson se promène dans la forêt.
- ..... Affolées, les abeilles le piquent… et le petit ourson s'enfuit !
- ..... Nez au vent, il renifle de tous les côtés.
- ..... Miam ! Le gourmand plonge son nez dans la ruche.

**Compétence : Élaborer une phrase**

**7** **Observe** les dessins, puis **écris** une phrase pour répondre à chaque question.

- Qui vois-tu sur ces dessins ?

- Que fait le chevalier ?

- D'après toi, pourquoi l'écuyer l'aide-t-il ?

**8** **Entoure** tous les adjectifs de ces phrases.

Les enfants joyeux et émerveillés s'amusent à glisser sur les grandes feuilles vertes des plantes géantes. Dans le monde extraordinaire de Taoki, rien n'est comme ici !
Tout est magique !

# Les lettres minuscules

a a
b b
c c
d d
e e
f f
g g
h h
i i
j j
k k
l l
m m

n n

o o

p p

q q

r r

s s

t t

u u

v v

w w

x x

y y

z z

# Les lettres majuscules

A A

B B

C C

D D

E E

F F

G G

H H

I I

J J

K K

L L

M M

N N

O O

P P

Q Q

R R

S S

T T

U U

V V

W W

X X

Y Y

Z Z